GIANT

자이언트 어마어마한 탈것과 기계

GIA

NT

자이언트   어마어마한 탈것과 기계

스테판 프라티니 글   스튜디오 무티 그림   박대진 옮김

차례

도로 위의 공룡 10
가장 큰 움직이는 모형 차, 자이언트 윌리스 지프 10
가장 무거운 승용차, 캐딜락 원 10
가장 무거운 몬스터 트럭, 빅풋5 11

공사장의 천하장사 12
거대한 덤프트럭, 립헬 T282B 12
거대한 기중기, 사렌스 자이언트 크레인 120 13

공사장의 일꾼들 14
전설적인 굴착기, 테렉스 RH400 14
거대한 불도저, 고마쓰 575A-3 15
가장 커다란 모터 그레이더, 아코 1700 15

공사장의 강철 괴물 16
땅에서 움직이는 가장 무거운 차, 바거293 16

논밭의 거인 18
커다란 트랙터, 챌린저 MT975 18
커다란 콤바인, 클라스 렉시온770 19

괴물 열차 20
2배로 많이 나르는 화물 열차, 이단 적재 열차 20
바퀴로 달리는 가장 빠른 열차, 테제베 V150 20

바다 위의 도시 22
거대한 크루즈, 하모니 오브 더 시즈 23

바다의 타이탄 24
초대형 컨테이너선들, 머스크 트리플 E급 24

전속력으로 돌진 26
가장 커다란 스크루 26
가장 커다란 선박용 디젤 엔진, 바르질라 슐저 27

바다 위의 공항 28
세계 최강의 항공 모함, 니미츠급 항공 모함 28

하늘 위의 왕 30
가장 커다란 여객기, 에어버스 A380-800 30

하늘 위의 최강 배달꾼 32
가장 커다란 항공기, 안토노프 An-225 32
대형 화물 수송기, 에어버스 벨루가 32

거인 헬리콥터 34
가장 힘센 헬리콥터, 밀 MI-26 34
다목적 수송 헬리콥터, CH-47 치누크 35

하늘을 나는 배 36
가장 커다란 비행선, 에어랜더10 36
초호화 거대 비행선, LZ 129 힌덴부르크호 37

우주의 거인 38
가장 강력한 차세대 로켓, 우주 발사 시스템(SLS) 38

우주를 향해 전진 40
거대한 우주 연구소, 국제 우주 정거장 40
1998년, 대단원의 시작 41

도로 위의 공룡

대통령을 보호하려고 만든 차는 말 그대로 굴러다니는 요새예요.
거기에 비하면 거대한 지프와 빅풋은 재미난 장난감일 뿐이랍니다.

가장 큰 움직이는 모형 차, 자이언트 윌리스 지프

제2차 세계 대전 때 쓰인 윌리스 지프를 4배 크게 만들었어요.
더 크게 만들려고 해도 맞는 타이어가 없었대요.

무게는 4.4톤으로 승용차 3.5대와 맞먹고, 높이는 6.4m로 2층 건물 높이와 맞먹어요.

엔진은 별로 강력하지 않아서 1시간에 20km를 가기도 힘들어요.

사람이 올려다볼 때 운전석은 라디에이터 그릴에 가려서 보이지 않아요.

엔진의 힘을 앞뒤 네 바퀴 모두에 전달하여 움직이는 사륜구동이에요.

원래 지프를 똑같이 본떠 크게 만들었어요.

가장 무거운 승용차, 캐딜락 원

미국 대통령이 타는 차는 최대한의 안전을 위해 방탄 장치를 하고 작은 것 하나도 꼼꼼히 신경 써서 만들었어요.

대통령이 다른 나라에 갈 때는 군 수송기로 차를 미리 실어 날라요.

운전사는 비밀 정보 기관에서 특수 훈련을 받아요. 제자리에서 방향을 돌려서 뒤로 가는 J턴 운전을 할 수 있지요.

트렁크에는 산소통과 소화기가 들어 있어요.

차 무게는 9톤쯤으로 승용차 7대보다 무거워요.

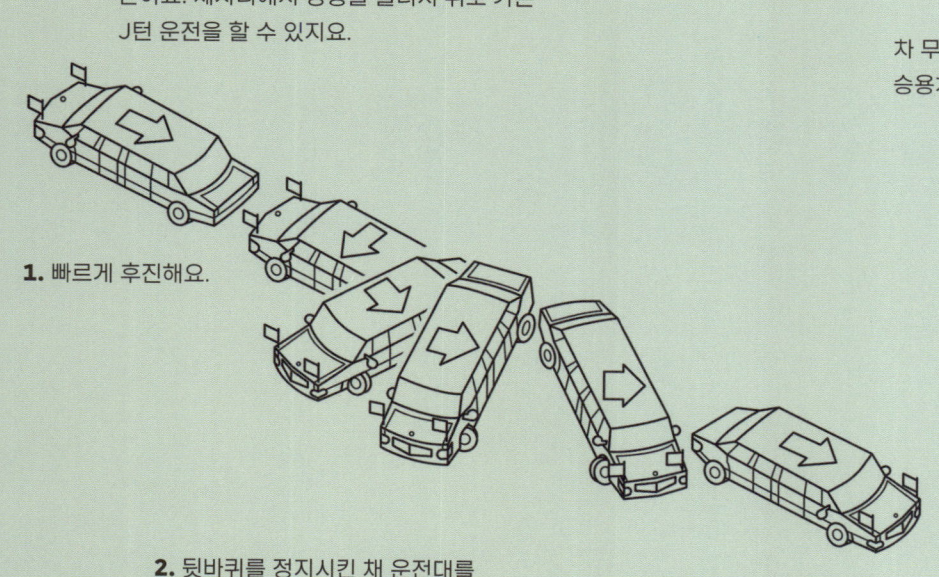

1. 빠르게 후진해요.

2. 뒷바퀴를 정지시킨 채 운전대를 돌려요. 차를 제자리에서 반대 방향으로 회전시켜요.

3. 앞으로 계속 달려요.

연료 통은 특별하게 처리되어 불이 나거나 충격을 받아도 폭발하지 않아요.

타이어는 충격에 강한 케블라 섬유로 만들어져서 찢어지거나 구멍이 나도 80km 정도를 달릴 수 있어요.

가장 무거운 몬스터 트럭, 빅풋5

괴물이라 불릴 만큼 거대한 사륜구동 트럭이에요. 픽업트럭의 차체에다 트럭이나 버스, 트랙터의 부품을 조립하여 만들었어요.

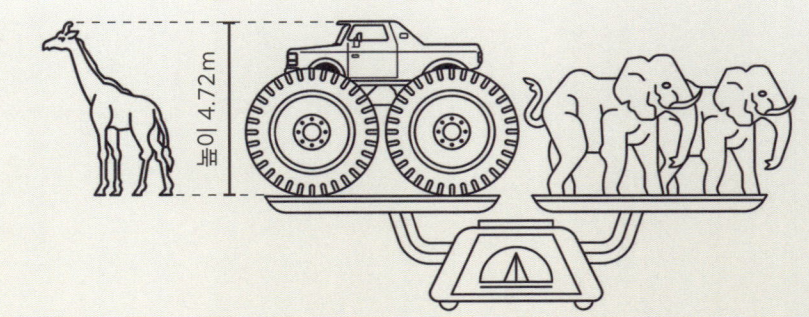

무게 12.7톤

사람들은 몬스터 트럭이 거대한 바퀴로 낡은 차를 뛰어넘거나 밟고 지나가는 묘기를 보며 열광해요.

바퀴 하나의 무게는 1톤쯤으로 작은 승용차 하나의 무게와 비슷해요.

엔진은 승용차보다 16배나 더 강한 2000마력 정도의 힘을 내요.

뒷자리와 앞자리 사이에는 방탄유리로 된 칸막이가 있는데, 대통령만 이 칸막이를 여닫을 수 있어요.

차의 모든 창문 가운데 운전석 창문만 열 수 있는데, 그것도 7.6cm 정도만 열려요.

창문은 철갑탄 공격도 막을 만큼 두꺼운 방탄유리로 되어 있어요.

운전석에는 야간 투시경이 달린 산탄총과 최루탄 발사기 같은 무기도 준비되어 있어요.

미국 국기

대통령기

차체는 강철, 알루미늄, 티타늄, 세라믹 등을 섞어서 만들어요.

자동차 안에는 곳곳에 소화기가 설치되어 있어요.

문은 두께가 20cm로 총알도 막을 수 있어요.

앞뒤에는 야간용 투시 카메라가 달려 있어요.

공사장의 천하장사

덤프트럭과 기중기는 광산이나 채석장, 댐이나 큰 건물을 짓는 공사장에서 엄청난 양의 자재를 단번에 실어 나르고, 들어 옮긴답니다.

거대한 덤프트럭, 립헬 T282B

차 무게가 약 237톤으로 지구에서 가장 큰 동물인 흰긴수염고래보다도 훨씬 무거워요. 짐은 한 번에 약 363톤을 실을 수 있어요. 어른 코끼리를 60마리쯤 싣는 것과 같아요.

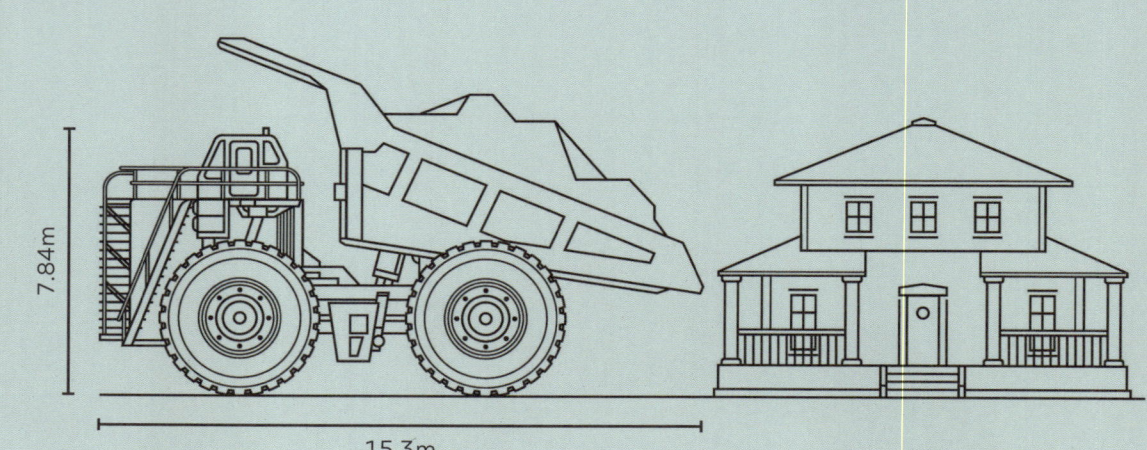

1시간 동안 약 64km까지 갈 수 있고, 기름을 190리터쯤 써요.

운전사는 여러 대의 카메라가 보여 주는 영상 화면으로 트럭 주변을 살펴볼 수 있어요.

짐을 싣는 적재함은 두께 5cm가 넘는 강철로 만들어서 튼튼하고, 무게가 30톤쯤 나가요.

엔진은 무게가 10톤이 넘고, 일반 트럭의 20배가 넘는 힘을 내요.

연료 통에는 4732리터의 기름이 들어가요. 욕조 30개를 채울 수 있는 양이지요.

타이어는 어른 2명의 키를 합친 것보다 더 높아요. 지름은 4m쯤, 두께는 1.5m쯤, 무게는 5.3톤쯤 돼요. 가격이 비싸서 하나에 5천만 원 정도나 한대요.

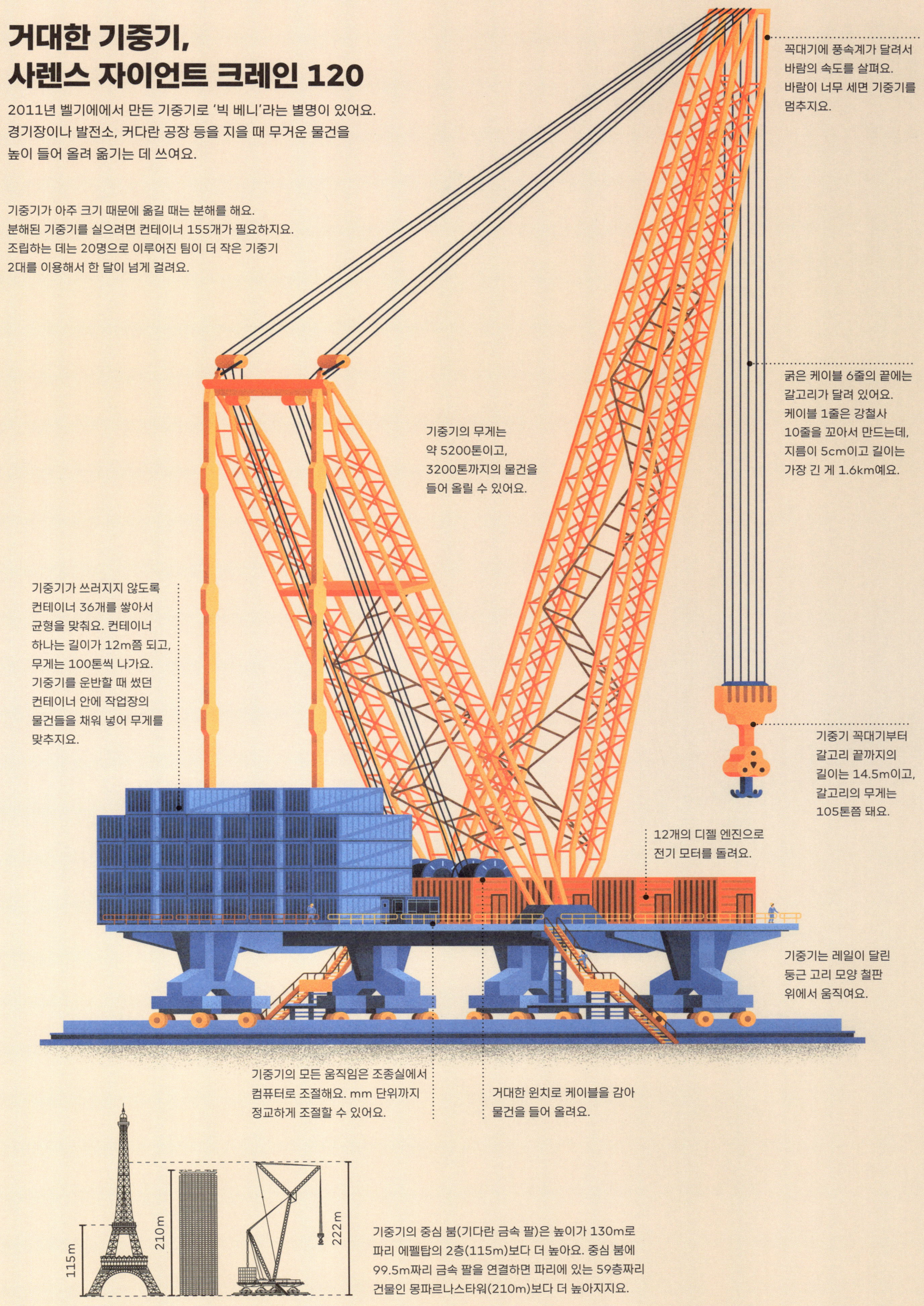

공사장의 일꾼들

거대한 공사장에서는 엄청난 양의 흙을 파고,
땅을 다지거나 평평하게 고르는 기계들이 필요합니다.

전설적인 굴착기,
테렉스 RH400

광산에서 사용되는 굴착기로 무게가 980톤쯤 돼요.
광산까지는 분해해서 운반해요. 트럭 24대로 부품을 나른 뒤,
기중기 2대를 이용해서 한 달이 넘게 조립해야 하지요.
가격은 무려 130억 원이 넘는대요.

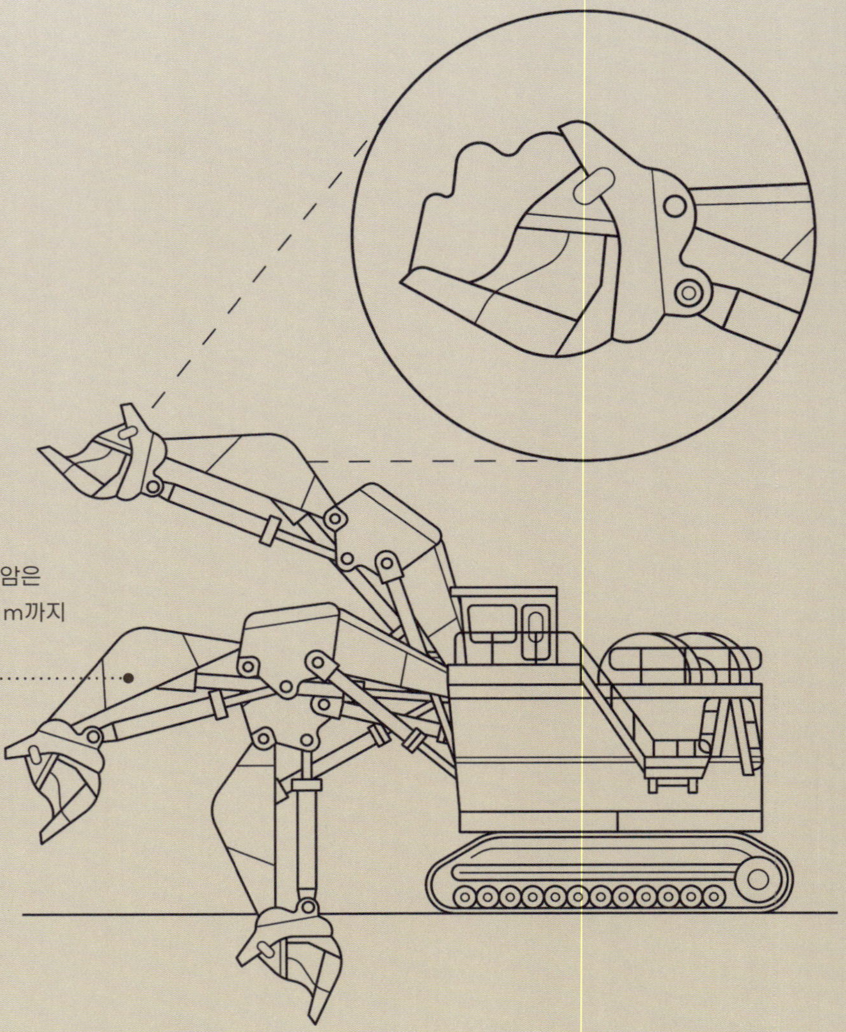

팔처럼 생긴 암은 높이가 20.2m까지 올라가요.

버킷에는 50세제곱미터의 양을 담을 수 있고, 84톤의 무게를 들어 올릴 수 있어요.

운전석에 앉으면 눈높이가 8.8m쯤 돼요. 꽤 높아서 멀리까지 잘 보이지요. 운전실 안에는 냉장고나 전자레인지도 있어요.

기계실에는 2개의 디젤 엔진이 있고, 정비사들이 계속 근무해요.

굴착기 전체의 폭은 9m예요.

무한궤도 폭 2m

무한궤도 길이 11m

거대한 불도저, 고마쓰 575A-3

일본에서 만든 아주 커다란 불도저예요. 주로 광산에서 광석을 치우거나 다이너마이트를 대신해 바위를 부술 때 사용해요.

앞쪽에 달린 배토판은 길이가 7.4m, 높이가 3.64m예요. 220톤의 무게를 밀어내고, 69세제곱미터의 양을 들어 올릴 수 있어요. 욕조 430개를 가득 채우고도 남는 양을 들어 올리는 셈이지요.

뒤쪽에 뾰족한 리퍼를 달면 돌을 깨고 땅을 2m 깊이로 팔 수 있어요.

4.88m

11.72m

엔진은 1150마력 정도의 힘을 내고, 하루에 1600리터의 기름을 써요.

무게는 152.6톤이에요.

가장 커다란 모터 그레이더, 아코 1700

그레이더는 흙을 깎고 밀어서 평평하게 고르는 데 쓰여요. 가장 큰 그레이더인 아코 1700은 1980년에 만들어졌는데, 지금은 쓰이지 않아요. 전체 길이가 21m이고, 무게는 160톤이나 나갔지요. 승용차 128대에 맞먹는 무게예요. 요즘 그레이더 가운데 가장 큰 것은 전체 길이가 14m쯤 돼요.

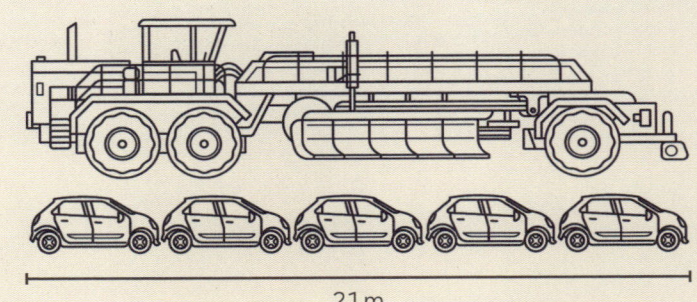

21m

2개의 엔진으로 움직여요.

그레이더의 무게를 지탱하기 위해 타이어를 2개씩 붙여 달았어요.

땅을 평평하게 만드는 장비인 배토판은 길이가 10m예요.

공사장의 강철 괴물

독일의 석탄 광산에서는 거대한 굴착기가 밤낮으로 흙을 파내요.
어마어마하게 커서 수 킬로미터 밖에서도 보일 정도랍니다.

땅에서 움직이는 가장 무거운 차, 바거293

버킷 18개가 달린 큰 바퀴가 빙글빙글 돌면서 흙이나 석탄을 파내는 굴착기예요. 높이 96m, 길이 225m, 무게 1만 4197톤으로 코끼리 2300마리보다 무거워요. 혼자서 다른 굴착기 18대의 일을 하기 때문에 하루 동안 24만 세제곱미터의 흙이나 석탄을 파낼 수 있어요. 깊이가 33m쯤 되는 축구장 하나를 파내는 셈이지요!

엔진이 움직이려면 16.5메가와트의 전기가 필요해요. 세미트레일러 트럭 150대가 사용하는 양과 비슷해요.

붐에 콘크리트 블록이 달려 있어 굴착기가 쓰러지지 않도록 균형을 잡아 줘요.

붐에 컨베이어 벨트가 달려 있어서 흙이나 석탄을 화물 트럭까지 옮겨 줘요.

굴착기는 제자리에서 1분에 30m쯤 회전할 수 있어요.

필요 없는 흙은 이미 석탄을 파내고 비어 있는 광산에 쌓아 두고, 석탄은 가까운 화력 발전소로 가져가 전기를 만드는 데 쓰여요.

무한궤도

무한궤도는 굴착기 앞부분에 8개, 뒷부분에 4개가 달려 있어요. 무한궤도 하나의 길이는 14m, 폭은 3.56m, 높이는 2.43m예요. 버스와 크기가 거의 비슷해요. 굴착기는 1시간에 600m 정도를 움직여서 광산까지 120km를 가는데 3주나 걸렸어요.

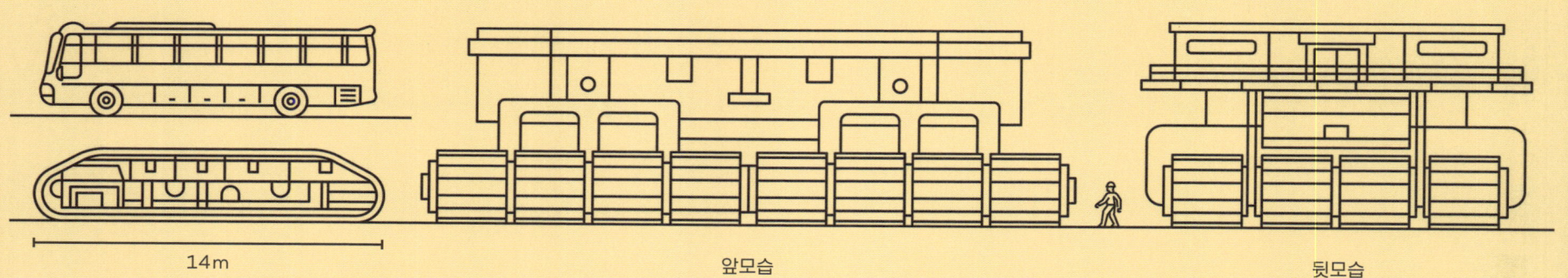

14m 　　　　　　앞모습 　　　　　　뒷모습

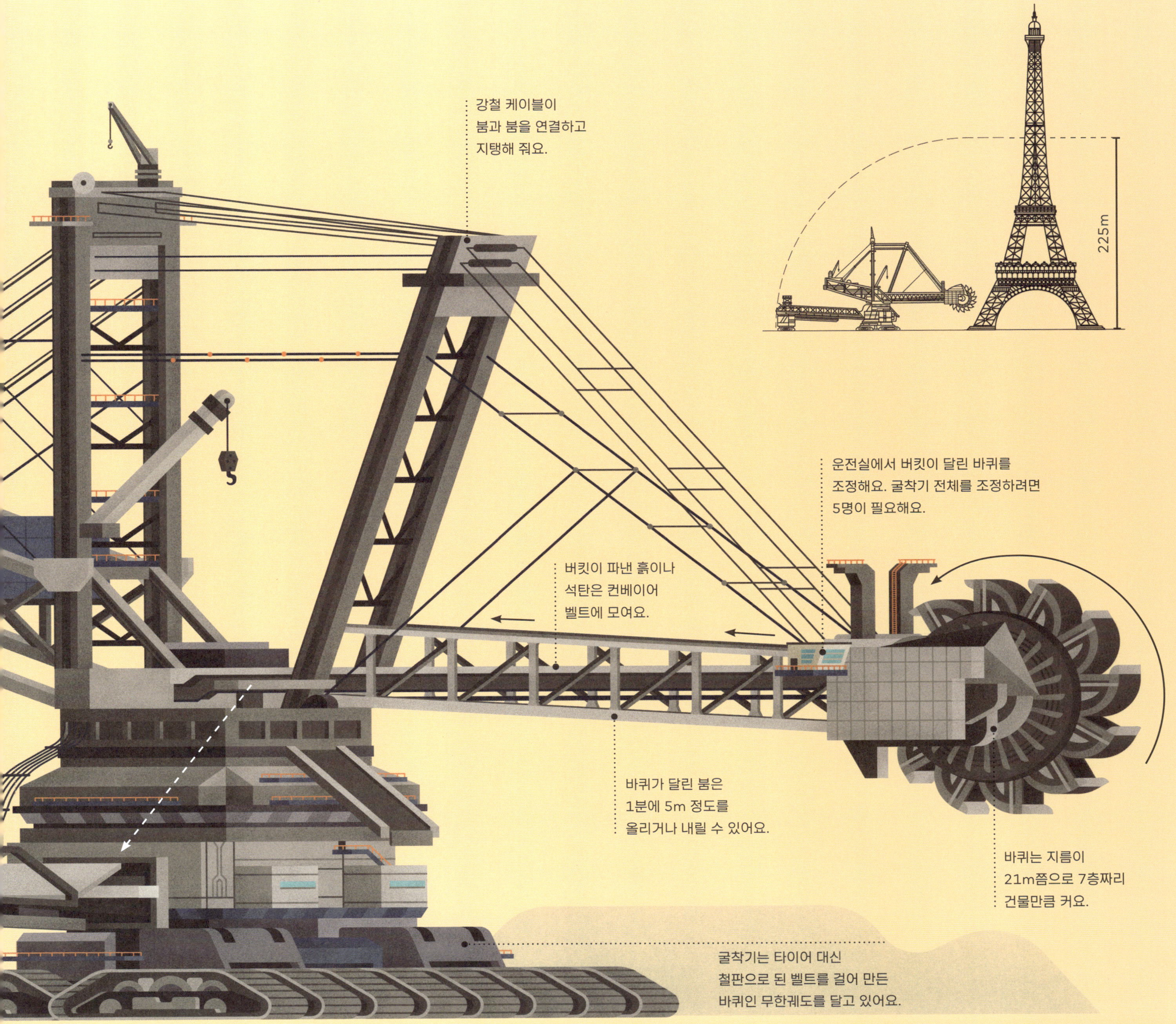

강철 케이블이 붐과 붐을 연결하고 지탱해 줘요.

운전실에서 버킷이 달린 바퀴를 조정해요. 굴착기 전체를 조정하려면 5명이 필요해요.

버킷이 파낸 흙이나 석탄은 컨베이어 벨트에 모여요.

바퀴가 달린 붐은 1분에 5m 정도를 올리거나 내릴 수 있어요.

바퀴는 지름이 21m쯤으로 7층짜리 건물만큼 커요.

굴착기는 타이어 대신 철판으로 된 벨트를 걸어 만든 바퀴인 무한궤도를 달고 있어요.

225m

버킷이 달린 바퀴

버킷

버킷은 어른 한 사람이 똑바로 설 수 있을 만큼 깊어요. 버킷 하나에 6.6세제곱미터의 흙을 담을 수 있지요.

논밭의 거인

거대한 농기계가 있으면 농부 10여 명이 하는 일을 혼자서 할 수 있어요. 냉방이 되는 운전석에 앉아서 위성 항법 장치(GPS)까지 쓸 수 있어 아주 편하답니다.

커다란 트랙터, 챌린저 MT975

북아메리카와 동유럽의 거대한 농장에서 쓰려고 만든 트랙터예요. 폭이 5m나 되기 때문에 바퀴가 승용차보다 훨씬 크고 튼튼해요.

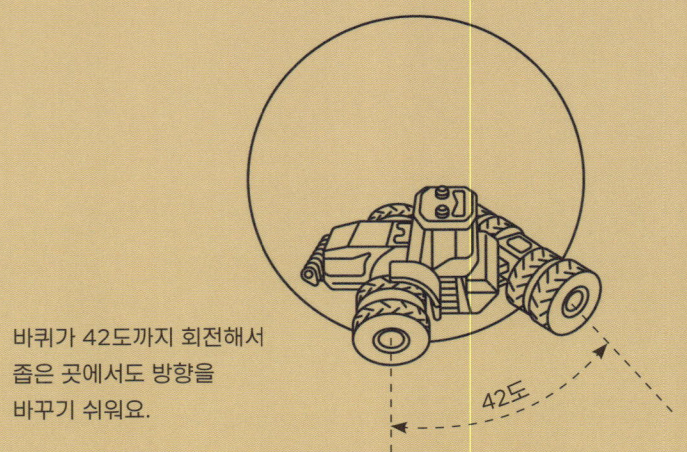

바퀴가 42도까지 회전해서 좁은 곳에서도 방향을 바꾸기 쉬워요.

42도

연료 통을 다 채우려면 기름을 1476리터나 넣어야 해서 20분이 걸려요.

운전석 천장까지의 높이가 3.8m예요. 운전석이 높이 있어 계단을 6개나 올라가야 하지요.

트랙터가 엄청 무겁지만 8개의 타이어 덕분에 쓰러지지 않고 잘 굴러가요.

무게 27톤

커다란 콤바인, 클라스 렉시온770

2011년에 8시간 동안 밀 675톤을 수확해서 세계 기록을 깼어요.
그러니까 1시간에 84톤, 1초에 23kg의 밀을 수확한 셈이에요.

절단기를 바꿔 달면 밀뿐만 아니라, 옥수수, 유채, 콩, 쌀, 해바라기 등 어떤 작물이나 수확할 수 있어요.

옥수수 절단기

길이가 6m쯤 되는 릴 2개가 천천히 돌면서 밀의 줄기를 칼날 쪽으로 밀어 줘요.

로터가 회전하면서 밀의 줄기를 두드려 낟알을 떨어내요.

잘린 줄기가 회전 오거를 통해 컨베이어 벨트로 가요.

곡물 탱크가 다 차면 관을 통해 낟알을 밖으로 내보내요.

빈 줄기나 겨는 잘게 부수어 다시 밭에 뿌려요.

칼날은 1초에 22번이나 움직이며 밀의 줄기를 잘라요.

수확하는 동안 트랙터가 콤바인과 나란히 가면서 관으로 나오는 낟알을 받아요.

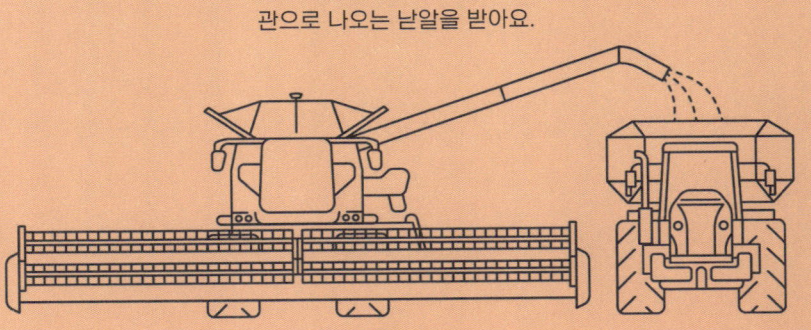

콤바인은 버스 한 대만큼 길어요.

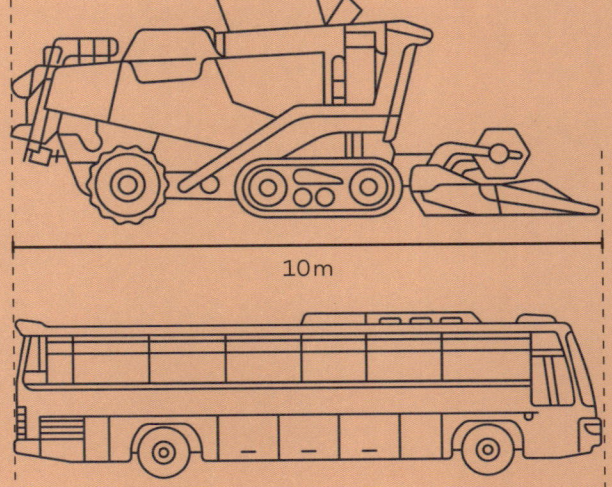

10m

괴물 열차

철도를 통한 화물 운반 방법을 완전히 바꾸어 놓은 열차도 있고, 속도가 아주 빨라진 열차도 있어요. 그 크기나 힘으로 볼 때 괴물이라 부를 만하답니다.

2배로 많이 나르는 화물 열차, 이단 적재 열차

컨테이너를 2단으로 쌓으면 운반 비용을 아낄 수 있지만, 그에 알맞은 철도가 필요해요. 그래서 아직까지는 철도가 잘 갖춰진 미국에 특히 많아요.

이단 적재 열차 하나가 트럭 300대를 대신할 수 있고, 같은 거리에 같은 양의 짐을 나르는데 에너지를 60% 적게 써요.

컨테이너를 2단으로 쌓으면 열차 높이가 6.2m가 돼요. 전깃줄이나 터널에 걸리지 않게 철도를 정비해야 하지요.

짐을 실은 상태에서 더 안정적으로 운행하기 위해 열차의 차체는 아주 낮게 만들었어요.

바퀴로 달리는 가장 빠른 열차, 테제베 V150

2007년 4월 3일 프랑스에서 테제베 V150이 최고 속도 시속 574.8km로 세계 기록을 깼어요. 이것은 1초에 160m, 즉 축구 경기장 하나 반만큼의 거리를 지나가는 속도예요.

맨 끝 차량에는 세계 기록 경신에 초대받은 손님들이 타고 있어요.

한가운데 차량에는 보조 모터 2개가 설치되어 있어요.

테제베 V150의 엔진은 포뮬러 원 경주차 30대에 맞먹는 힘을 가지고 있어요.

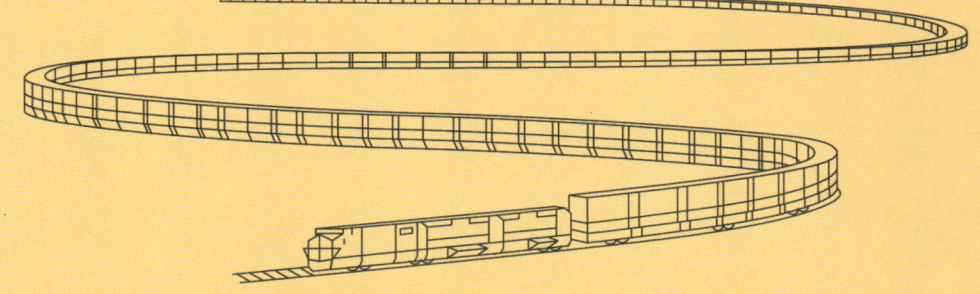

2010년에 9량의 디젤 기관차가 296량의 이단 적재 컨테이너 차량을 끄는 세계 기록이 세워졌어요. 열차 길이가 5.5km로 케이티엑스(KTX) 14대를 합친 것과 비슷해요.

컨테이너 하나의 길이는 12m이고, 짐을 실었을 때의 무게는 30톤이에요. 코끼리 5마리의 무게와 같지요.

기관차 여러 대를 이어서 열차 앞에 놓아요. 때로는 가운데와 끝에도 기관차를 연결해요.

엔진은 바퀴 안에 들어 있어요.

연구 차량에는 모든 제어 장비와 측정 장비들이 있어요.

기록을 경신하려고 철도의 전압을 3만 1000볼트까지 올렸어요.

열차의 맨 앞과 뒤는 공기의 저항을 줄이려고 뾰족하게 만들었어요.

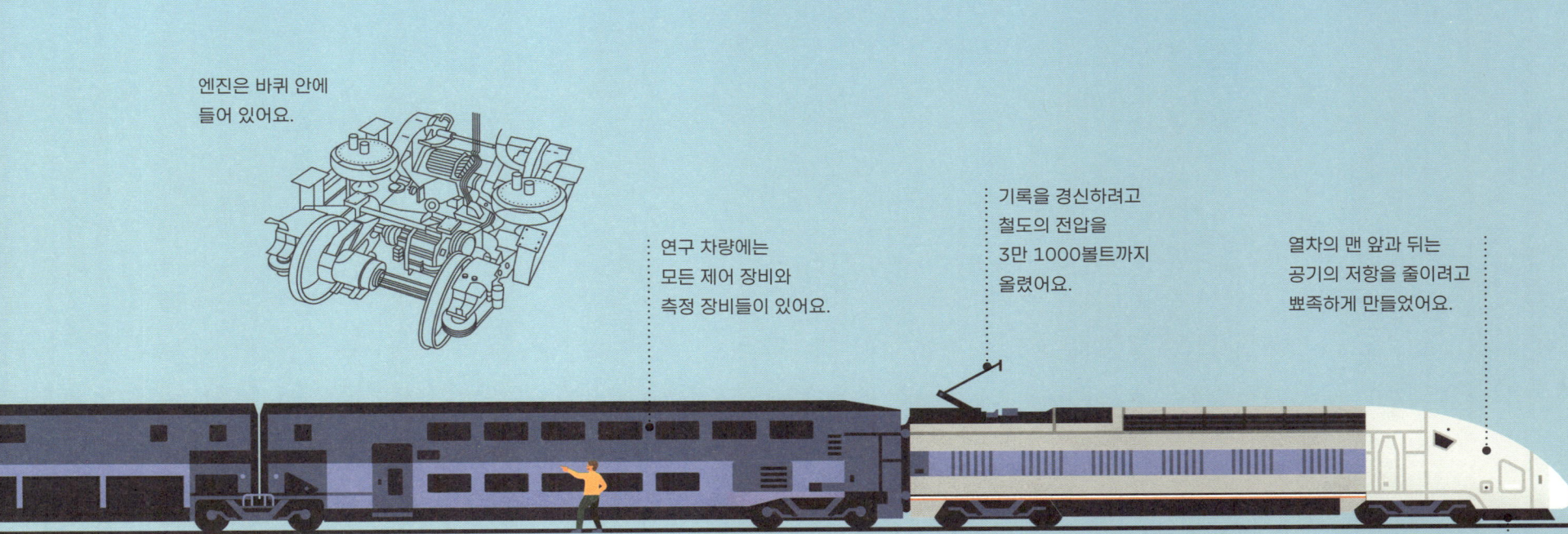

열차의 앞부분과 바닥은 충격에 대비해 철판을 붙여 튼튼하게 했어요.

일반 열차의 바퀴는 지름이 92cm인데, 테제베 V150의 바퀴는 지름이 109.2cm예요.

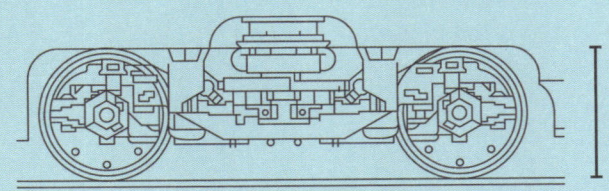

바다 위의 도시

호텔처럼 다양한 시설이 있는 크루즈에서는 모든 것이 엄청나요.
놀거리가 너무 많아서 여행 도중 배가 잠시 항구에 들러도
손님들이 배에서 내리지 않을 정도랍니다.

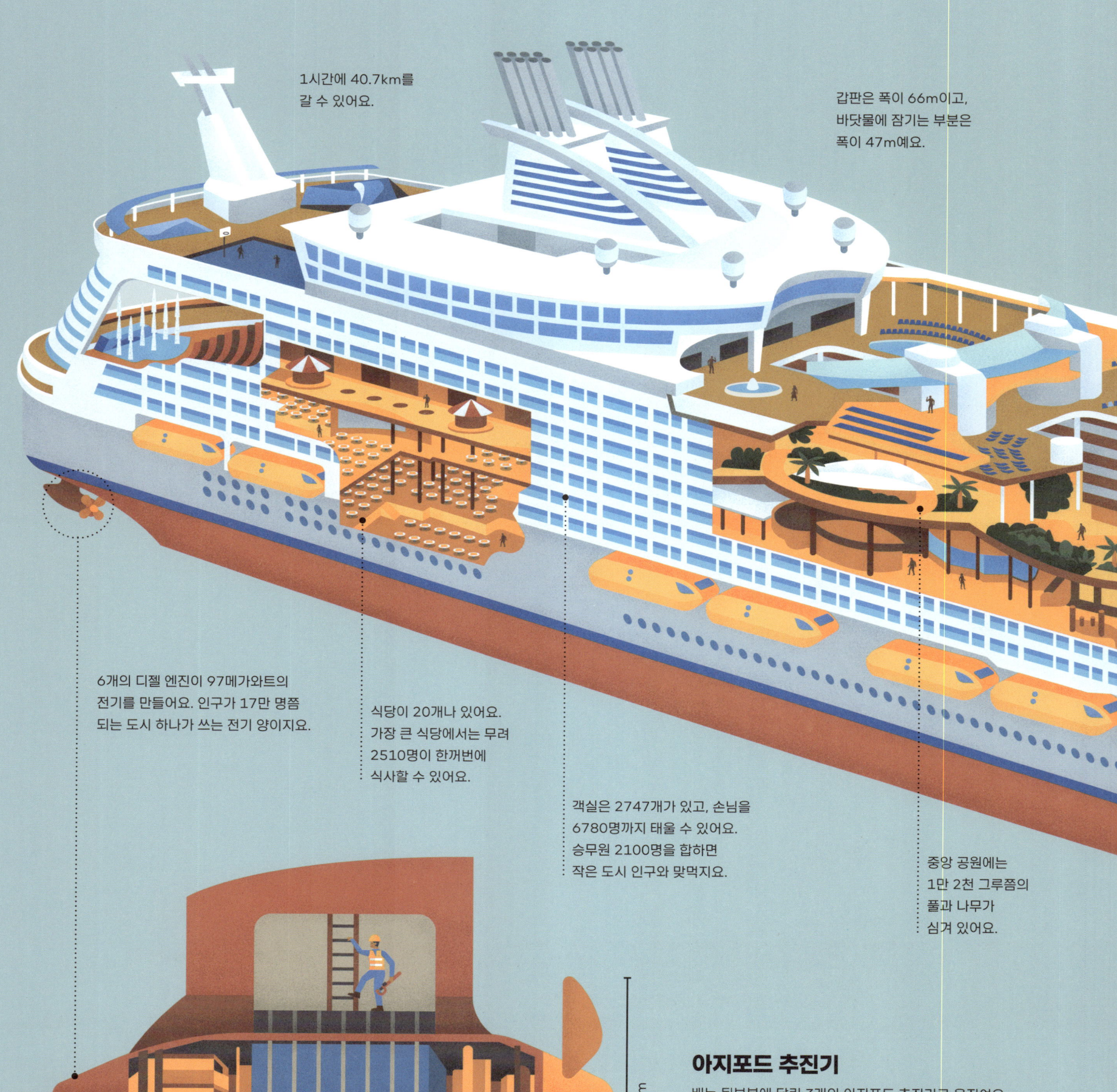

1시간에 40.7km를 갈 수 있어요.

갑판은 폭이 66m이고, 바닷물에 잠기는 부분은 폭이 47m예요.

6개의 디젤 엔진이 97메가와트의 전기를 만들어요. 인구가 17만 명쯤 되는 도시 하나가 쓰는 전기 양이지요.

식당이 20개나 있어요. 가장 큰 식당에서는 무려 2510명이 한꺼번에 식사할 수 있어요.

객실은 2747개가 있고, 손님을 6780명까지 태울 수 있어요. 승무원 2100명을 합하면 작은 도시 인구와 맞먹지요.

중앙 공원에는 1만 2천 그루쯤의 풀과 나무가 심겨 있어요.

아지포드 추진기

배는 뒷부분에 달린 3개의 아지포드 추진기로 움직여요.
포드 하나마다 프로펠러와 전기 모터가 함께 달려 있어요.
포드가 360도로 회전하기 때문에 포드를 돌려서
배의 방향을 바꾸지요.

6.1m

거대한 크루즈, 하모니 오브 더 시즈

거대한 배들만 속하는 오아시스 급 여객선으로 2016년부터 항해를 시작했어요.
길이가 362m라 배를 돌려세우면 에펠탑 높이보다 38m가 더 높아요.
손님을 가득 태웠을 때는 무게가 에펠탑보다 12배쯤 더 무거워요.

한 세기의 격차

1912년에는 손님 2435명을 태울 수 있는 갑판 10층짜리 타이태닉호가 세계에서 가장 커다란 배였어요.

타이태닉: 269m (53m)

하모니 오브 더 시즈: 362m (72m)

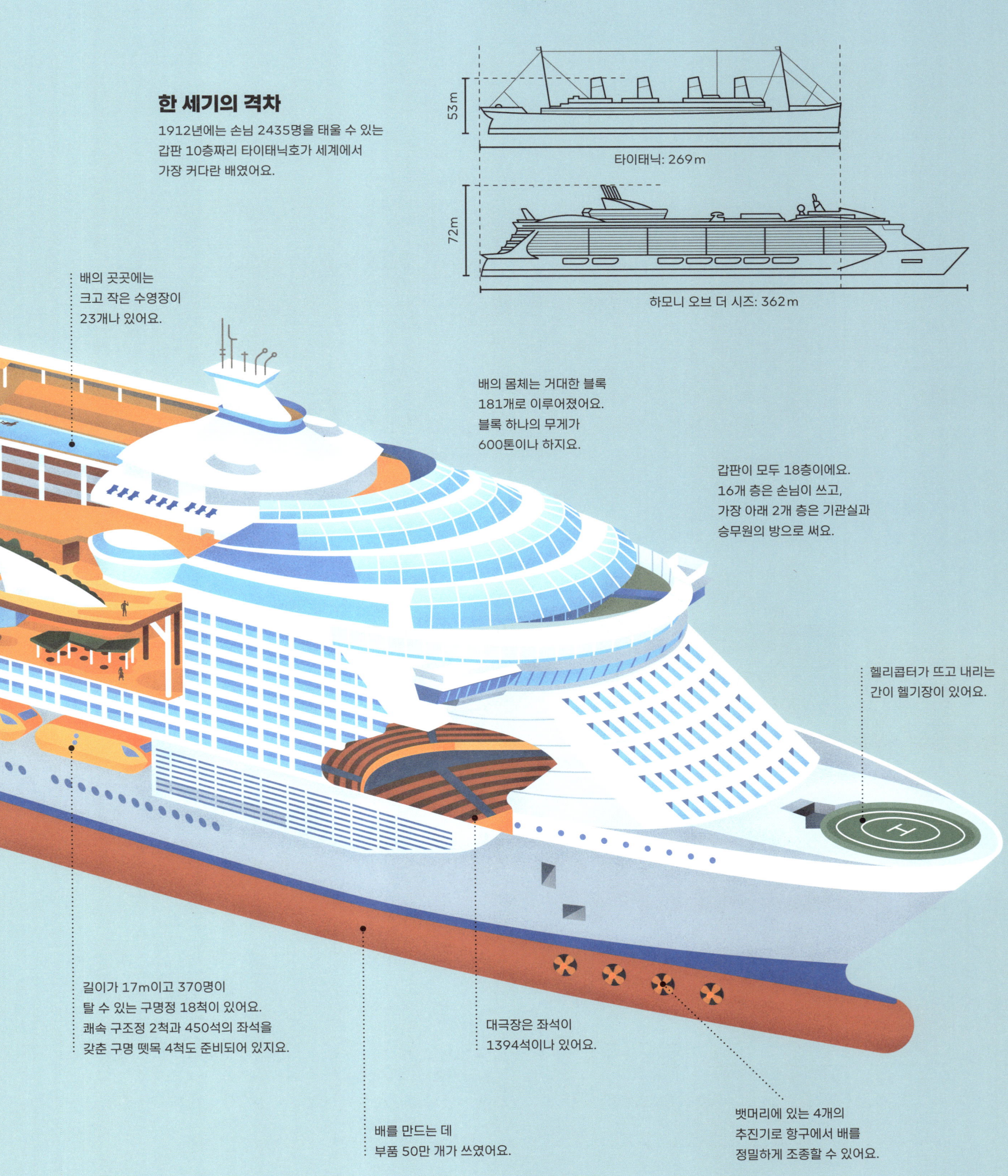

- 배의 곳곳에는 크고 작은 수영장이 23개나 있어요.
- 배의 몸체는 거대한 블록 181개로 이루어졌어요. 블록 하나의 무게가 600톤이나 하지요.
- 갑판이 모두 18층이에요. 16개 층은 손님이 쓰고, 가장 아래 2개 층은 기관실과 승무원의 방으로 써요.
- 헬리콥터가 뜨고 내리는 간이 헬기장이 있어요.
- 길이가 17m이고 370명이 탈 수 있는 구명정 18척이 있어요. 쾌속 구조정 2척과 450석의 좌석을 갖춘 구명 뗏목 4척도 준비되어 있지요.
- 대극장은 좌석이 1394석이나 있어요.
- 배를 만드는 데 부품 50만 개가 쓰였어요.
- 뱃머리에 있는 4개의 추진기로 항구에서 배를 정밀하게 조종할 수 있어요.

바다의 타이탄

컨테이너 운반선이 바다를 가로질러 한 대륙에서 다른 대륙으로 가요.
배에 컨테이너를 더 많이 실으면 실을수록 이익이 많이 남는답니다.

초대형 컨테이너선들, 머스크 트리플 E급

20피트 컨테이너를 1만 8270개나 실어 나를 수 있어요. 한 층으로 올려 쌓으면 높이가 47.5km나 되는 양이지요. 배가 너무 커서 정박할 수 있는 항구가 세계에서 20곳 남짓이에요. 배는 커다랗지만 승무원은 달랑 19명뿐이지요.

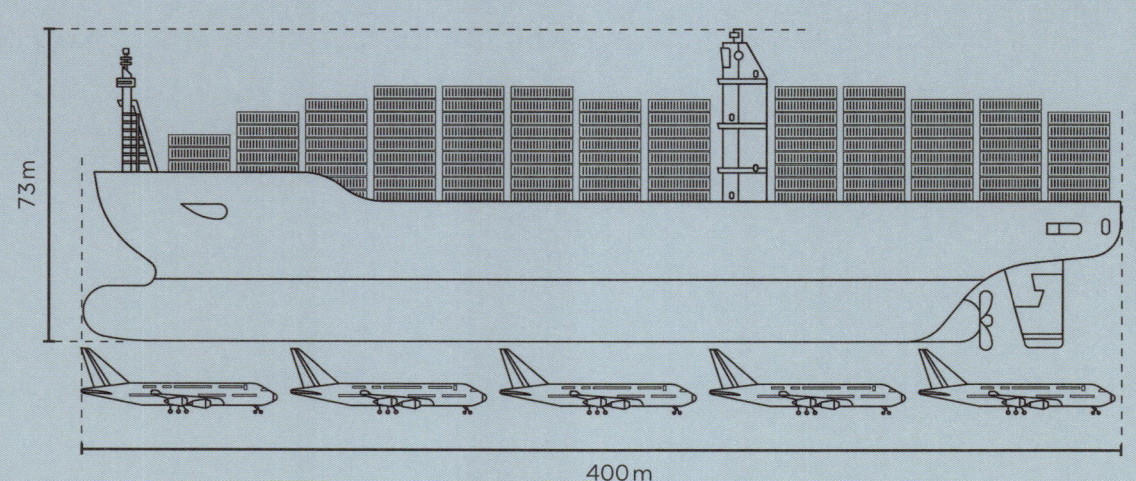

강철 칸막이가 컨테이너들을 단단히 고정해 줘요.

몸체를 U자 모양으로 만들어요. 아래쪽이 넓어져서 배 밑의 공간이 더 늘어나지요.

가장 무거운 컨테이너들은 배 밑에 실어요.

컨테이너 실을 공간을 늘리기 위해 엔진은 배 뒤쪽에 설치해요.

기중기들의 댄스

항구에서는 기중기들이 정확한 순서에 따라 컨테이너를 싣고 내려요. 마치 춤을 추는 것 같지요.

기중기

배는 대개 15시간 정도를 항구에 머무는데 그동안 컨테이너 700개를 처리할 수 있어요.

컨테이너

20피트 컨테이너는 길이가 6.1m쯤, 높이가 2.6m쯤이에요. 실을 수 있는 짐의 양은 33세제곱미터쯤으로 작은 집 한 채의 이삿짐 양과 비슷해요.

컨테이너 번호
국가 코드
최대 허용 중량
세관 승인

배의 최대 높이는 73m예요. 선장이 지휘하는 곳인 선교는 배 앞쪽에 있어요. 그래서 시야를 가리지 않고 컨테이너를 더 높이 쌓을 수 있지요.

컨테이너는 21층까지만 쌓아요.

배 무게는 16만 5000톤이에요. 코끼리 2만 7500마리의 무게와 같지요.

한 번에 1억 1000만 켤레의 운동화를 실어 나를 수 있어요.

1시간에 42.6km까지 갈 수 있어요. 중국에서 유럽까지 가는 데 20일이 걸리지요.

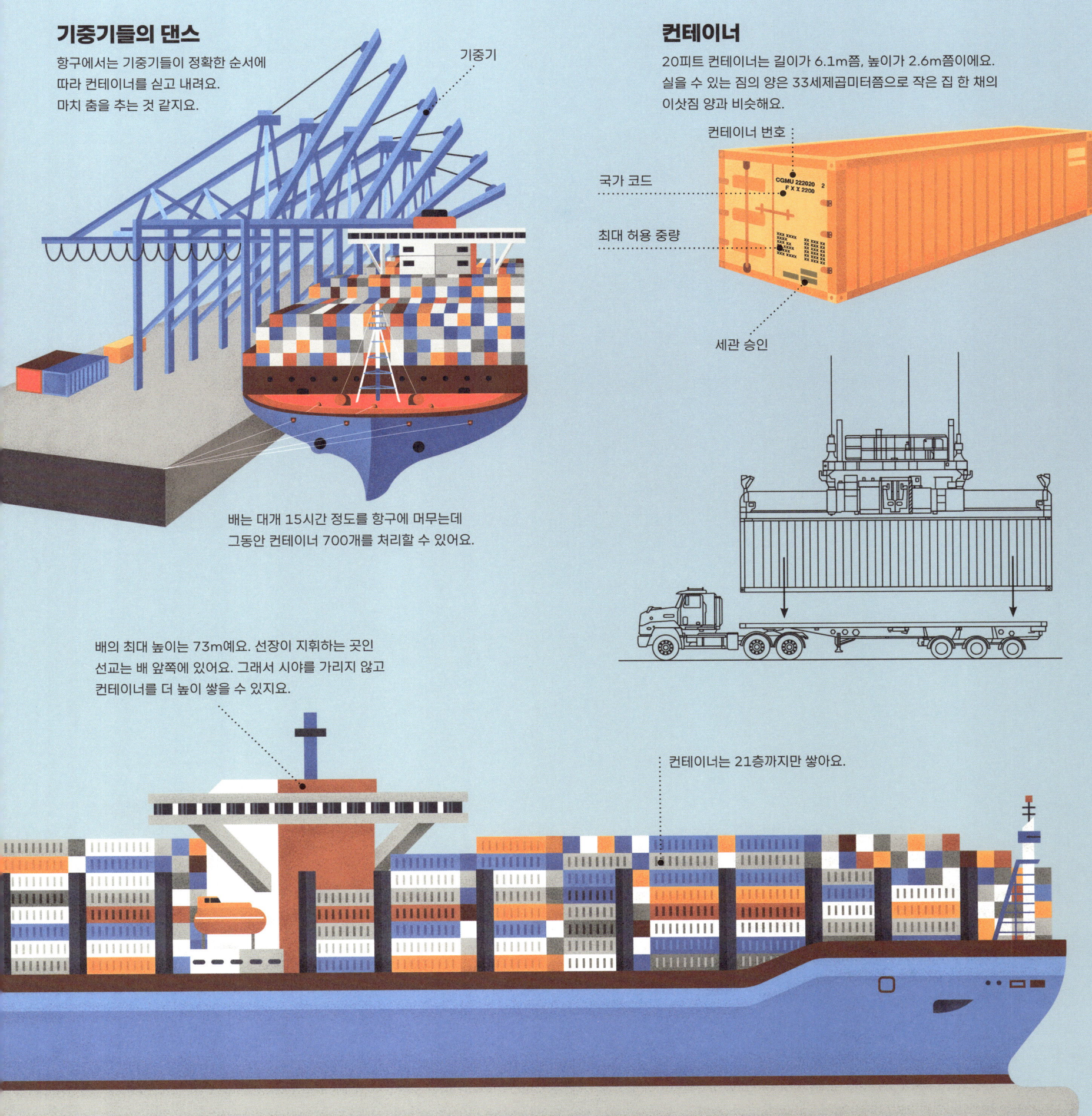

전속력으로 돌진

거대한 배를 움직이려면 엄청난 힘이 필요해요.
집보다 큰 엔진과 스크루가 내는 소리도 어마어마하답니다.

1분에 100번 정도 돌아요.
쉬지 않고 돌면 하루에
14만 번을 도는 셈이지요.

가장 커다란 스크루

초대형 컨테이너선을 움직이는 6개의 날개를 가진 거대한 스크루는 독일의 주물공장에서 만들었어요. 컴퓨터로 형태를 정교하게 계산하고, 작게 축소한 모형을 만들어 꼼꼼히 테스트하면서 완성했지요. 그래서 스크루 하나하나가 자기만의 특징을 가지고 있어요.

지름이 9.6m쯤 되고,
무게는 130톤이나 나가요.

스크루 만드는 과정

6개의 날개를 하나하나 따로 만들어요.

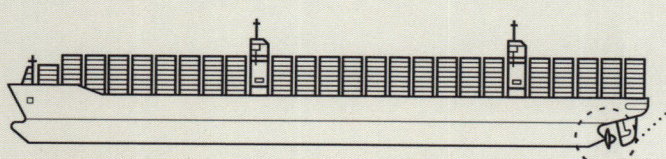

1. 실제 크기의 날개 모형을 만든 다음, 모래를 덮어 거푸집을 만들어요. 거푸집은 위 판과 아래 판으로 나누어 만들지요.

2. 거푸집의 두 부분을 하나로 합친 다음, 녹인 쇳물을 안에 부어요.

3. 날개가 굳으면 거푸집에서 떼어 내요. 광택을 낸 다음, 다른 날개들을 모아서 한데 이어 붙여요.

가장 커다란 선박용 디젤 엔진, 바르질라 슐저

핀란드에서 만든 거대한 디젤 엔진으로 세계에서 가장 큰 컨테이너선을 움직이는 데 쓰여요.
엔진의 무게가 2300톤이나 나가지요. 손님을 가득 태운 에어버스 A380 여객기 4대의 무게와 같아요.

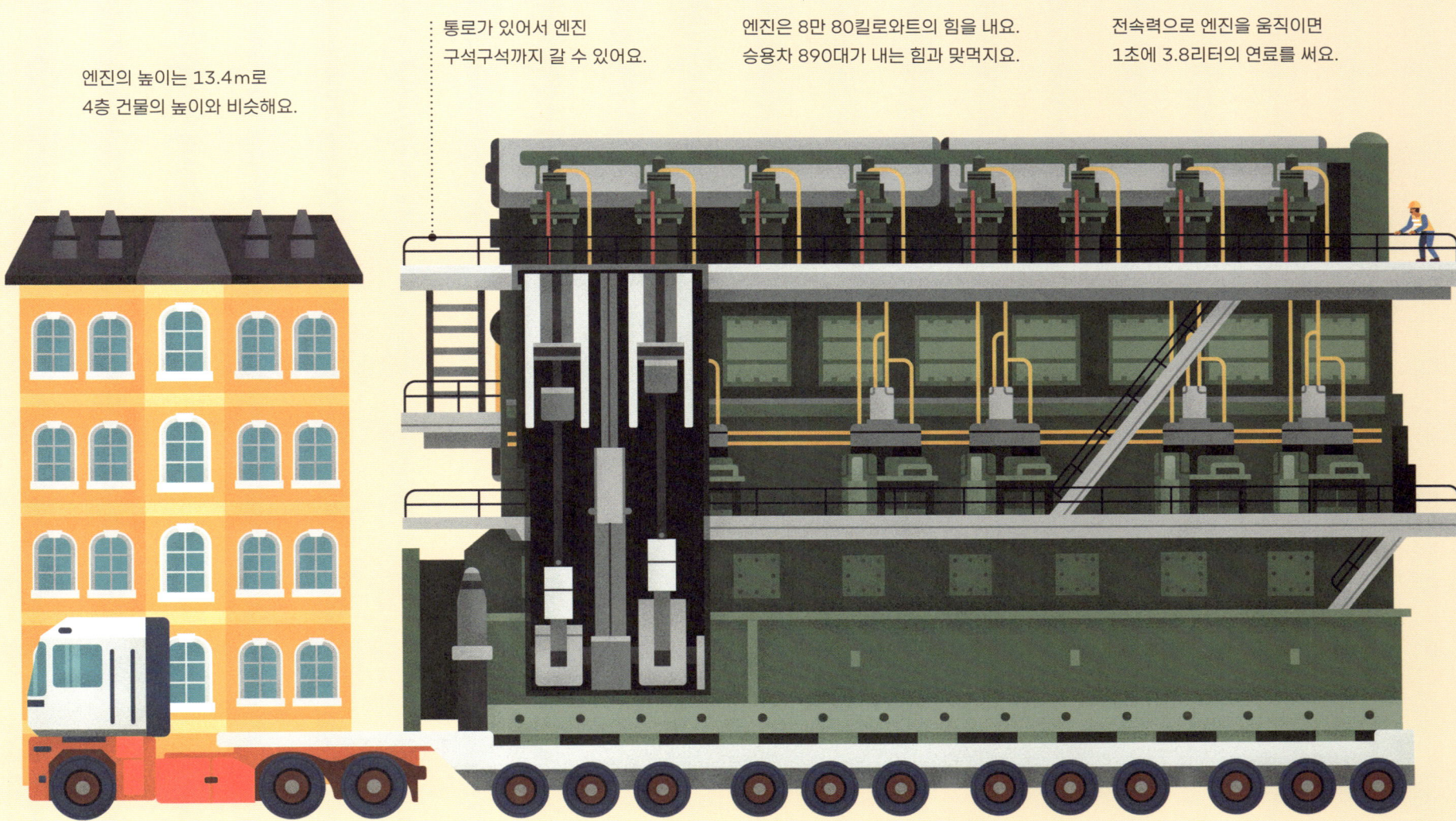

엔진의 높이는 13.4m로 4층 건물의 높이와 비슷해요.

통로가 있어서 엔진 구석구석까지 갈 수 있어요.

엔진은 8만 80킬로와트의 힘을 내요. 승용차 890대가 내는 힘과 맞먹지요.

전속력으로 엔진을 움직이면 1초에 3.8리터의 연료를 써요.

엔진의 작동 과정

1단계 : 배기와 흡입
피스톤이 움직이면 밸브가 열리면서 실린더 안의 배기가스가 빠져나오고, 새로운 공기가 안으로 들어가요.

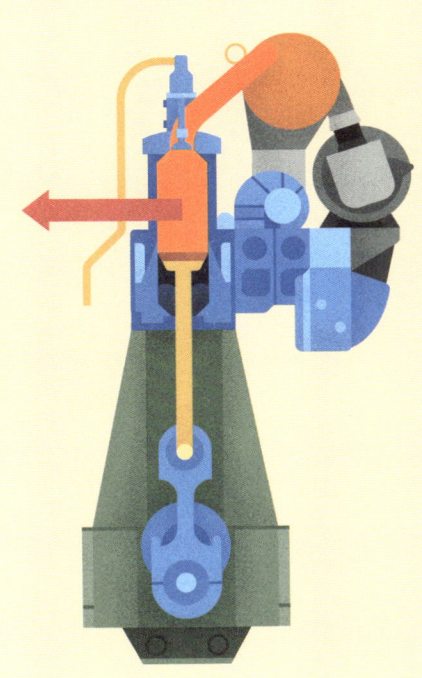

2단계 : 압축
다시 피스톤이 움직이면 밸브가 닫히고 안에 있는 공기가 압축되어 뜨거워져요.

3단계 : 폭발과 팽창
뜨거워진 공기에 기름을 뿌리면 순식간에 불이 붙어요. 기름이 타면서 생긴 폭발로 피스톤이 움직여요.

바다 위의 공항

항공 모함은 바다 위에서도 쉽게 항공기를 띄울 수 있어 군사 작전에서 아주 중요해요. 항공 모함이 다가가는 것만으로도 큰 위협이 된답니다.

세계 최강의 항공 모함, 니미츠급 항공 모함

전체 길이가 333m이고 활주로로 쓰는 비행갑판의 폭은 77m나 돼요. 승무원은 배와 관련된 3200명쯤의 해군 장병과 장교, 항공기와 관련된 2480명쯤의 공군 병력이 타고 있어요. 미 해군은 이런 거대한 항공 모함을 10척이나 가지고 있지요.

항공 모함은 1시간에 55.6km나 갈 수 있어요.

대공 감시 레이더는 400km 떨어진 곳의 작은 움직임도 찾아내요.

관제탑

함장이 지휘하는 함교

군사 작전 통제 센터

이동식 기중기로 활주로에 추락한 항공기를 치워요.

격납고는 길이가 208m로 항공기 60대를 넣을 수 있어요.

착륙 활주로

2개의 원자로에서 나오는 열로 증기를 만들고, 증기로 4개의 터빈을 돌려 전기를 만들어요. 이렇게 만들어진 전기는 10만 명이 사는 도시 전체가 쓸 수 있는 양이에요.

항공기를 비행갑판으로 올릴 때 쓰는 승강기가 4대 있어요.

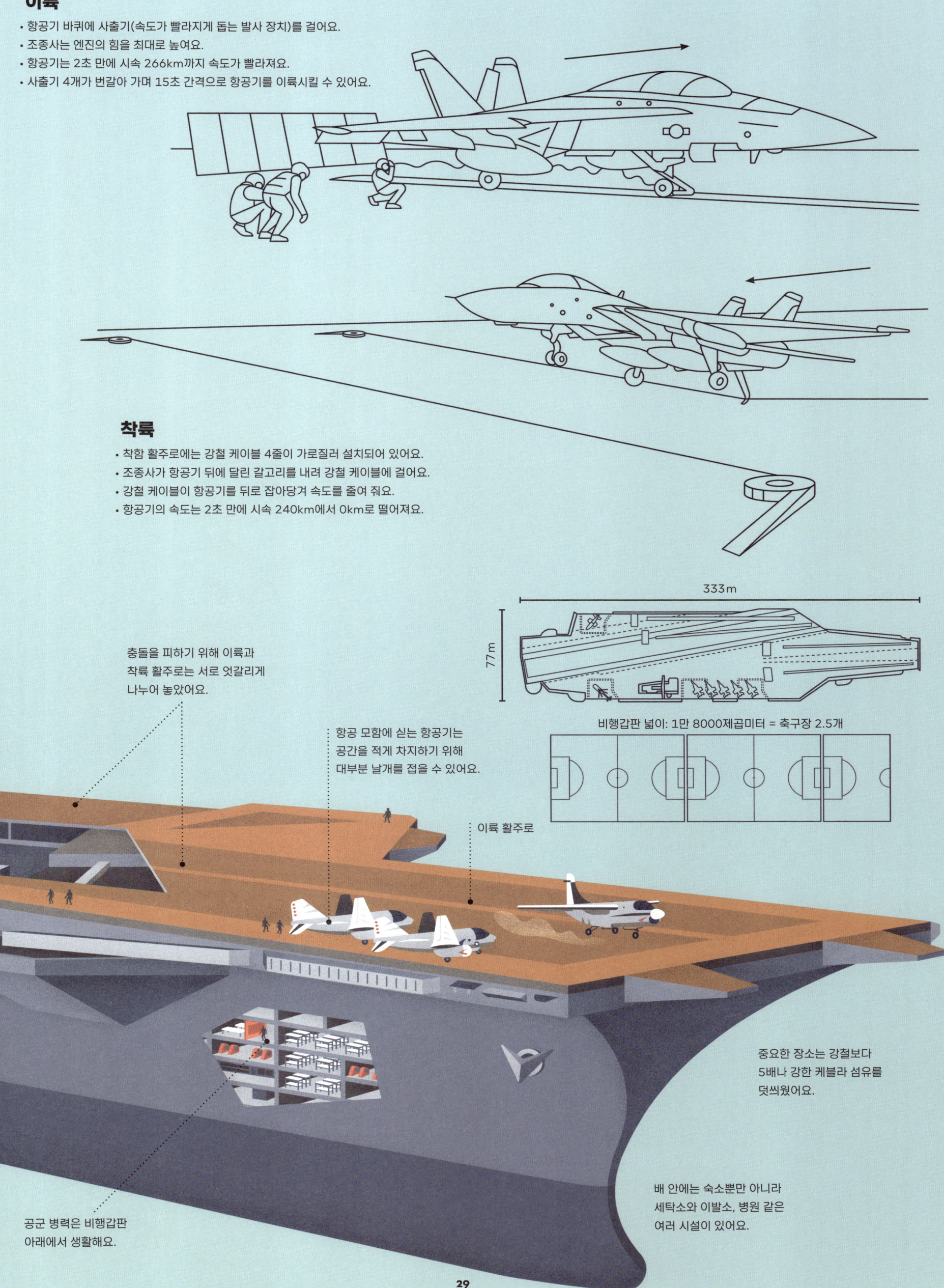

하늘 위의 왕

너무 커다래서 다른 비행기들을 발아래에 놓고 마치 왕처럼 내려다보는 비행기가 있어요. 바로 머리부터 꼬리까지 전체가 2층으로 된 에어버스 A380이랍니다.

가장 커다란 여객기, 에어버스 A380-800

2007년부터 운항을 시작했어요. 손님을 한 번에 853명까지 태울 수 있지요. 날 수 있는 최대한의 무게는 575톤으로 코끼리 96마리의 무게와 맞먹어요. 멈추지 않고 1만 5000km까지 계속 날아갈 수 있지요.

영국 런던에서 오스트레일리아의 퍼스까지 1만 4498km를 멈추지 않고 비행할 수 있어요.

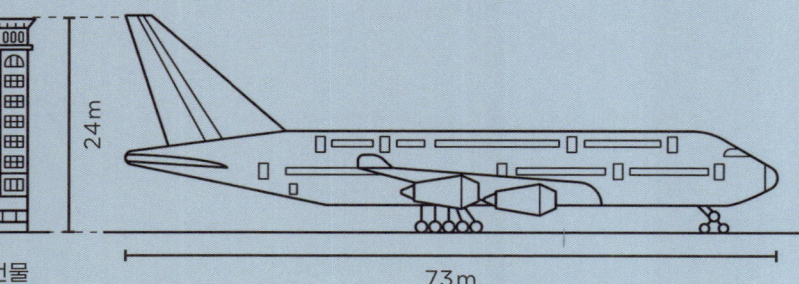

8층 건물 · 24m · 73m

엄청난 기류

제트 엔진 하나는 지름이 3.2m이고, 무게가 6.7톤이에요. 날개가 돌면서 공기를 빨아들여요.

엔진 하나의 추진력은 승용차 560대가 내는 힘과 비슷해요.

날개 넓이를 모두 합하면 845제곱미터예요. 테니스 경기장 3개의 넓이와 비슷해요.

맨 아래층은 짐을 싣거나 식당이나 사무실로 사용할 수 있어요.

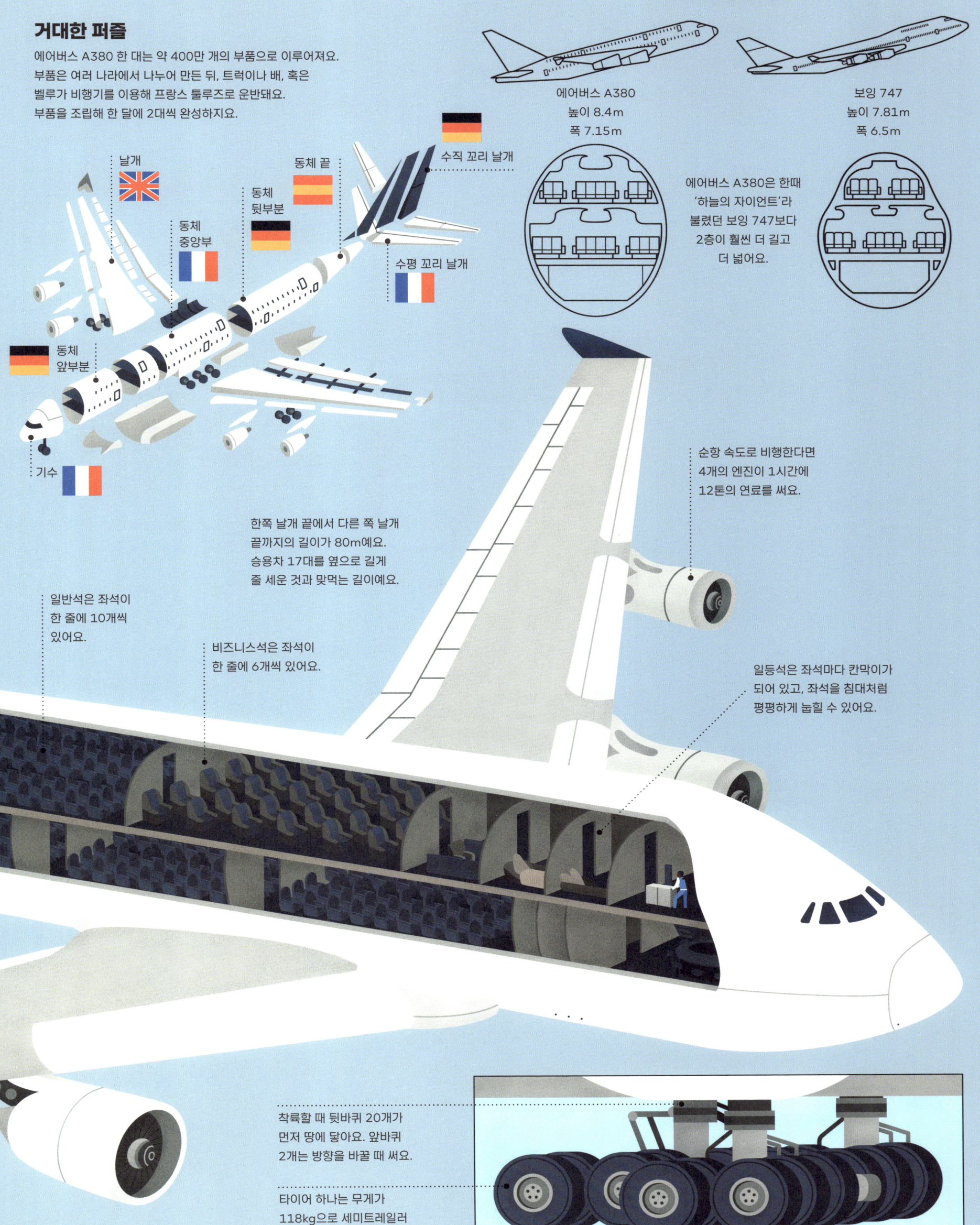

거대한 퍼즐

에어버스 A380 한 대는 약 400만 개의 부품으로 이루어져요. 부품은 여러 나라에서 나누어 만든 뒤, 트럭이나 배, 혹은 벨루가 비행기를 이용해 프랑스 툴루즈로 운반돼요. 부품을 조립해 한 달에 2대씩 완성하지요.

- 날개
- 동체 끝
- 수직 꼬리 날개
- 동체 뒷부분
- 동체 중앙부
- 수평 꼬리 날개
- 동체 앞부분
- 기수

더 크게 크게

에어버스 A380
높이 8.4m
폭 7.15m

보잉 747
높이 7.81m
폭 6.5m

에어버스 A380은 한때 '하늘의 자이언트'라 불렸던 보잉 747보다 2층이 훨씬 더 길고 더 넓어요.

순항 속도로 비행한다면 4개의 엔진이 1시간에 12톤의 연료를 써요.

한쪽 날개 끝에서 다른 쪽 날개 끝까지의 길이가 80m예요. 승용차 17대를 옆으로 길게 줄 세운 것과 맞먹는 길이예요.

일반석은 좌석이 한 줄에 10개씩 있어요.

비즈니스석은 좌석이 한 줄에 6개씩 있어요.

일등석은 좌석마다 칸막이가 되어 있고, 좌석을 침대처럼 평평하게 눕힐 수 있어요.

착륙할 때 뒷바퀴 20개가 먼저 땅에 닿아요. 앞바퀴 2개는 방향을 바꿀 때 써요.

타이어 하나는 무게가 118kg으로 세미트레일러 2대의 무게를 견딜 수 있어요.

하늘 위의 최강 배달꾼

거대한 화물기는 특별나게 크거나 무거운 짐을 빨리 실어 나를 수 있어요.
화물기가 하늘을 지나가면 당당한 모습에 모두 고개를 들고 쳐다본답니다.

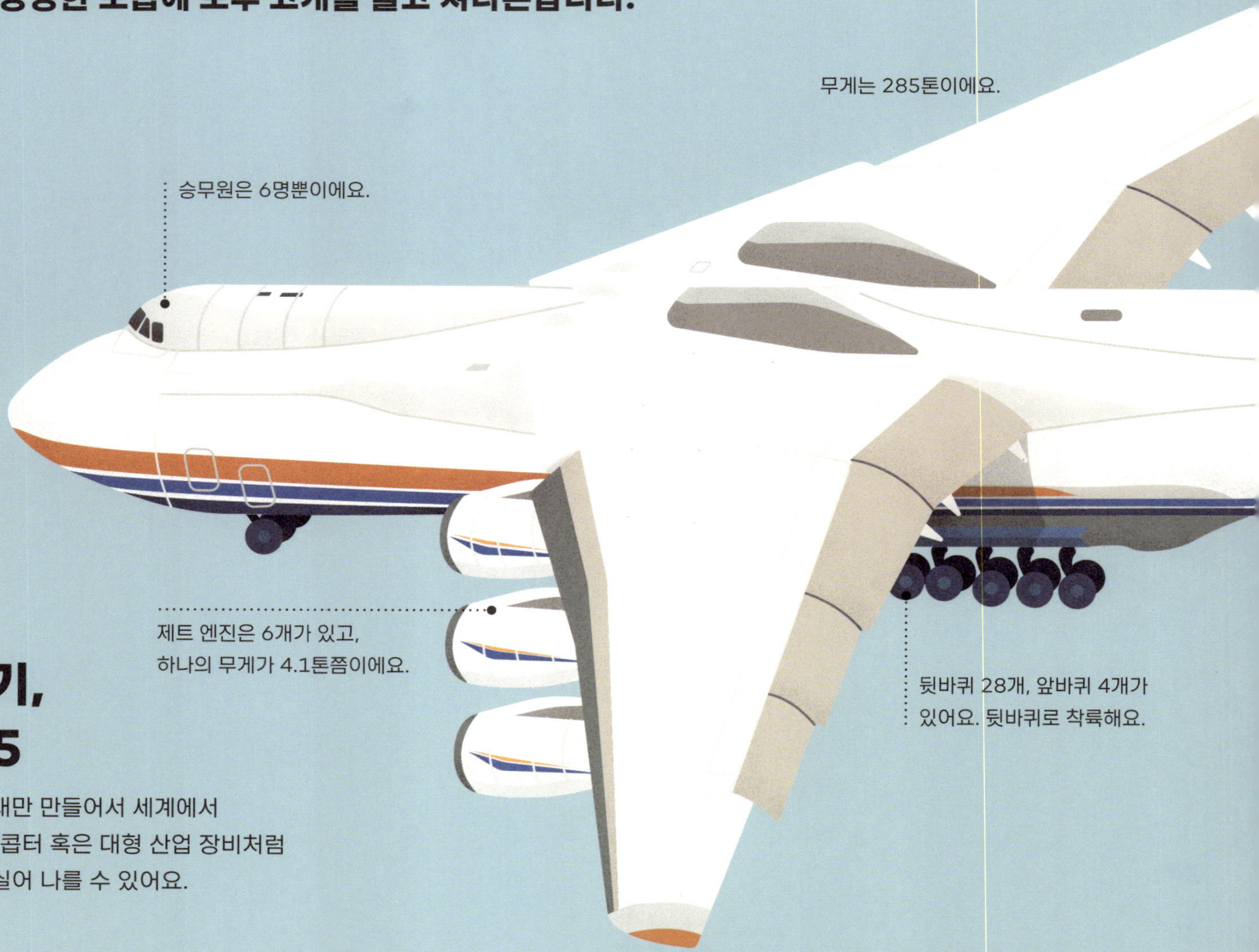

무게는 285톤이에요.

승무원은 6명뿐이에요.

순항 속도는 시속 800km예요. 짐을 가득 실으면 한 번 넣은 기름으로 4000km를 날아가요.

제트 엔진은 6개가 있고, 하나의 무게가 4.1톤쯤이에요.

뒷바퀴 28개, 앞바퀴 4개가 있어요. 뒷바퀴로 착륙해요.

가장 커다란 항공기, 안토노프 An-225

1988년에 운항을 시작했어요. 딱 한 대만 만들어서 세계에서 가장 큰 항공기로 남았어요. 탱크, 헬리콥터 혹은 대형 산업 장비처럼 무겁고 부피가 큰 화물을 250톤까지 실어 나를 수 있어요.

대형 화물 수송기, 에어버스 벨루가

공식 이름은 'A300-600ST'이고, 모두 5대를 만들었어요.
에어버스사에서 만드는 비행기들의 몸체와 부품을 운반해요.

비행기 무게는 86톤이고, 날 수 있는 최대한의 무게는 155톤이에요.

수직 꼬리 날개는 더 높게 만들었어요.

화물칸의 문은 열었을 때 높이가 17m예요. 이동식 승강교를 이용해 짐을 실어요.

17m

안전을 위해 보조 꼬리 날개와 방향타는 더 크고 튼튼하게 만들었어요.

화물칸은 지름이 7.1m, 길이가 37.7m로, 짐을 실을 수 있는 공간이 1500세제곱미터예요.

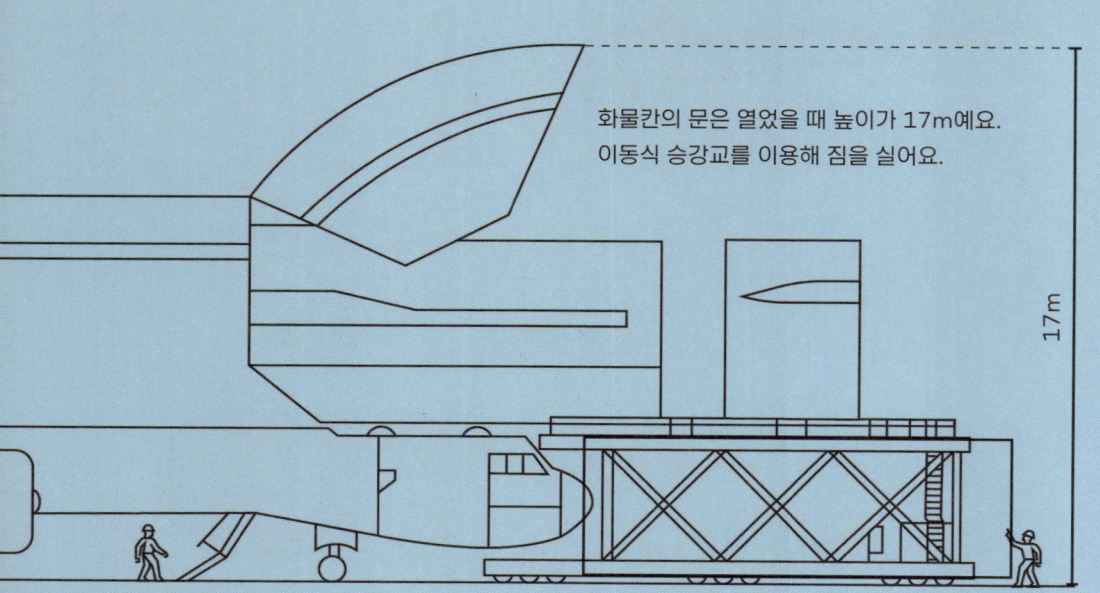

날개 넓이를 모두 합하면 905제곱미터예요. 테니스 경기장 3.5개의 넓이와 같아요.

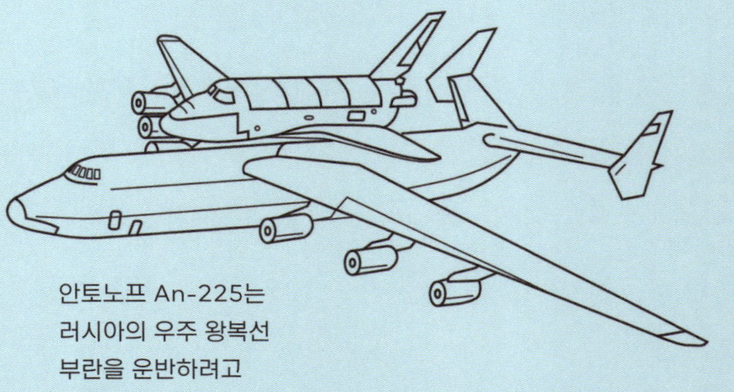

안토노프 An-225는 러시아의 우주 왕복선 부란을 운반하려고 만들었어요.

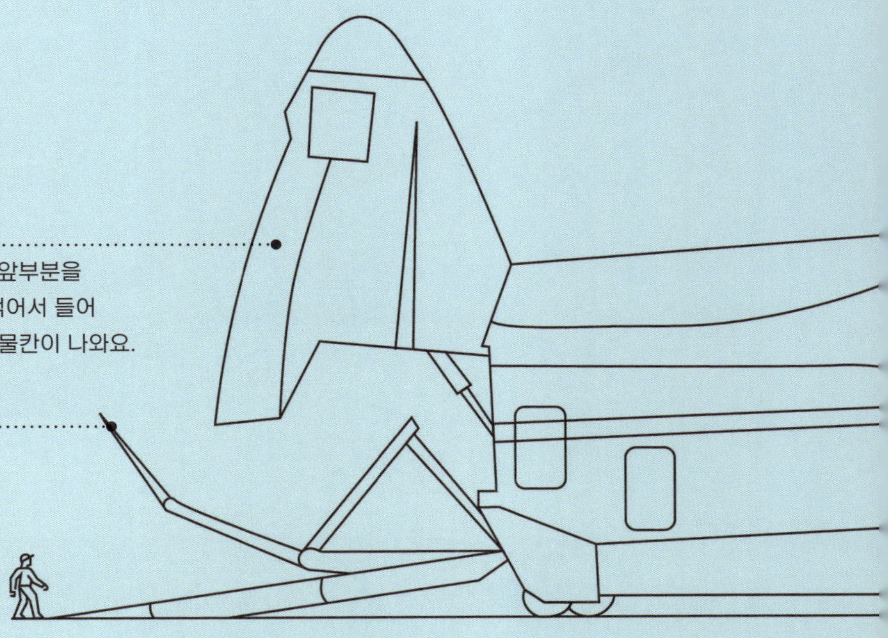

꼬리 날개는 폭이 33m로 웬만한 중형 수송기의 날개폭만큼 넓어요.

비행기의 앞부분을 90도로 꺾어서 들어 올리면 화물칸이 나와요.

비행기 전체 길이는 84m이고, 날개폭은 88.4m예요.

무게가 5톤쯤 되는 접이식 다리를 펼쳐서 화물칸에 짐을 실어요.

벨루가 돌고래의 머리 모양을 닮아서 벨루가 비행기라는 별명이 붙었어요.

화물칸 지붕의 높이는 7.4m예요.

에어버스 A300과 같은 날개를 사용하고, 날개 넓이를 모두 합하면 260제곱미터예요.

화물칸 아래에 조종실이 있어요. 2명의 조종사는 아래쪽에서 사다리를 타고 조종실로 들어가요.

거인 헬리콥터

거대한 헬리콥터는 공중에 매달린 기중기처럼
아무거나 아무 데로 다 보낼 수 있어요.
수송, 구조, 소방 등 모든 작업에 꼭 알맞답니다.

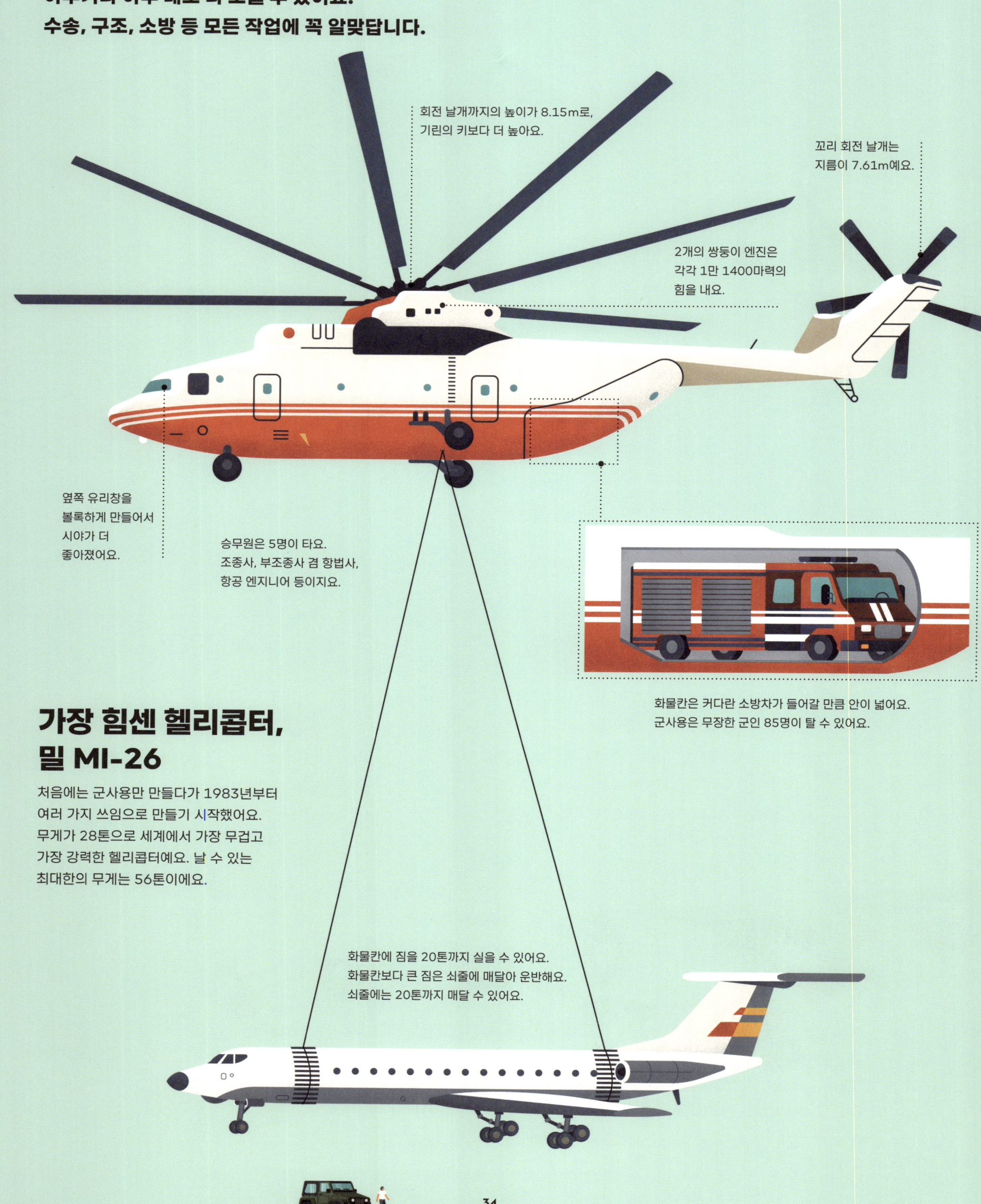

회전 날개까지의 높이가 8.15m로, 기린의 키보다 더 높아요.

꼬리 회전 날개는 지름이 7.61m예요.

2개의 쌍둥이 엔진은 각각 1만 1400마력의 힘을 내요.

옆쪽 유리창을 볼록하게 만들어서 시야가 더 좋아졌어요.

승무원은 5명이 타요. 조종사, 부조종사 겸 항법사, 항공 엔지니어 등이지요.

화물칸은 커다란 소방차가 들어갈 만큼 안이 넓어요. 군사용은 무장한 군인 85명이 탈 수 있어요.

가장 힘센 헬리콥터, 밀 MI-26

처음에는 군사용만 만들다가 1983년부터 여러 가지 쓰임으로 만들기 시작했어요. 무게가 28톤으로 세계에서 가장 무겁고 가장 강력한 헬리콥터예요. 날 수 있는 최대한의 무게는 56톤이에요.

화물칸에 짐을 20톤까지 실을 수 있어요.
화물칸보다 큰 짐은 쇠줄에 매달아 운반해요.
쇠줄에는 20톤까지 매달 수 있어요.

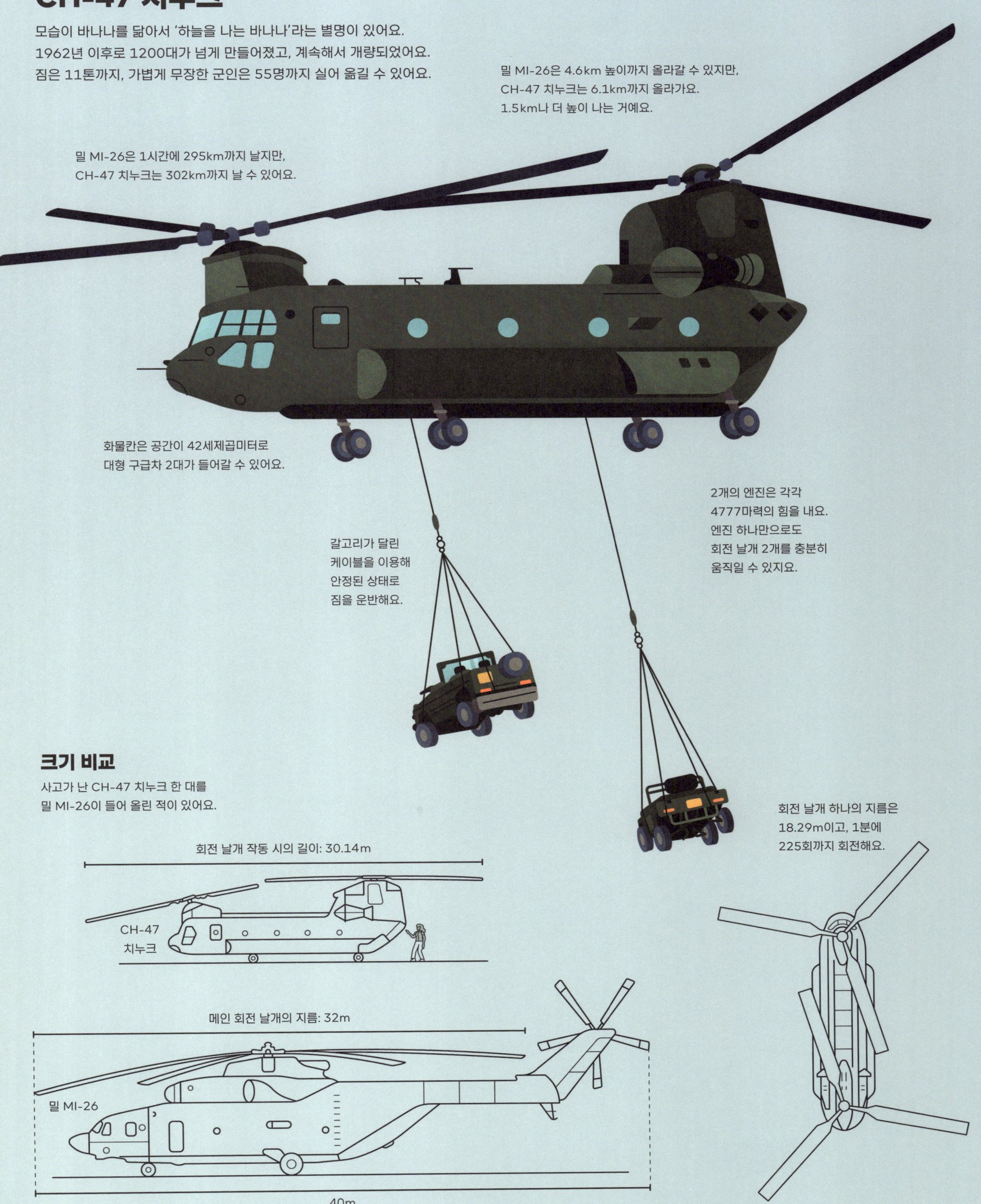

하늘을 나는 배

비행선은 20세기 초에 황금기를 누렸어요.
사람들은 비행선을 타고 대륙과 대륙을 오갔지요.
최근에는 비행선에 대한 관심이 다시 높아지고 있답니다.

가장 커다란 비행선, 에어랜더10

비행선 안을 가벼운 헬륨으로 채우고, 모양을 비행기 날개처럼 납작하게 만들어서 공기 중에 잘 뜰 수 있어요. 앞으로 나아가거나 방향을 바꿀 때는 프로펠러를 써요.

꼬리 날개로
방향을 조정해요.

사람이 타면 5일 정도,
타지 않으면 3주 정도를
공중에 떠 있을 수 있어요.

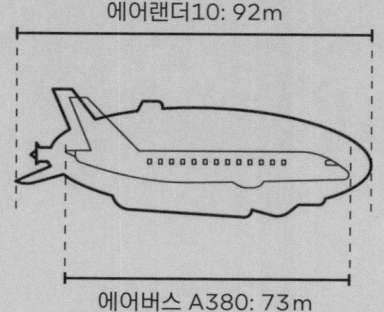

에어랜더10: 92m
에어버스 A380: 73m

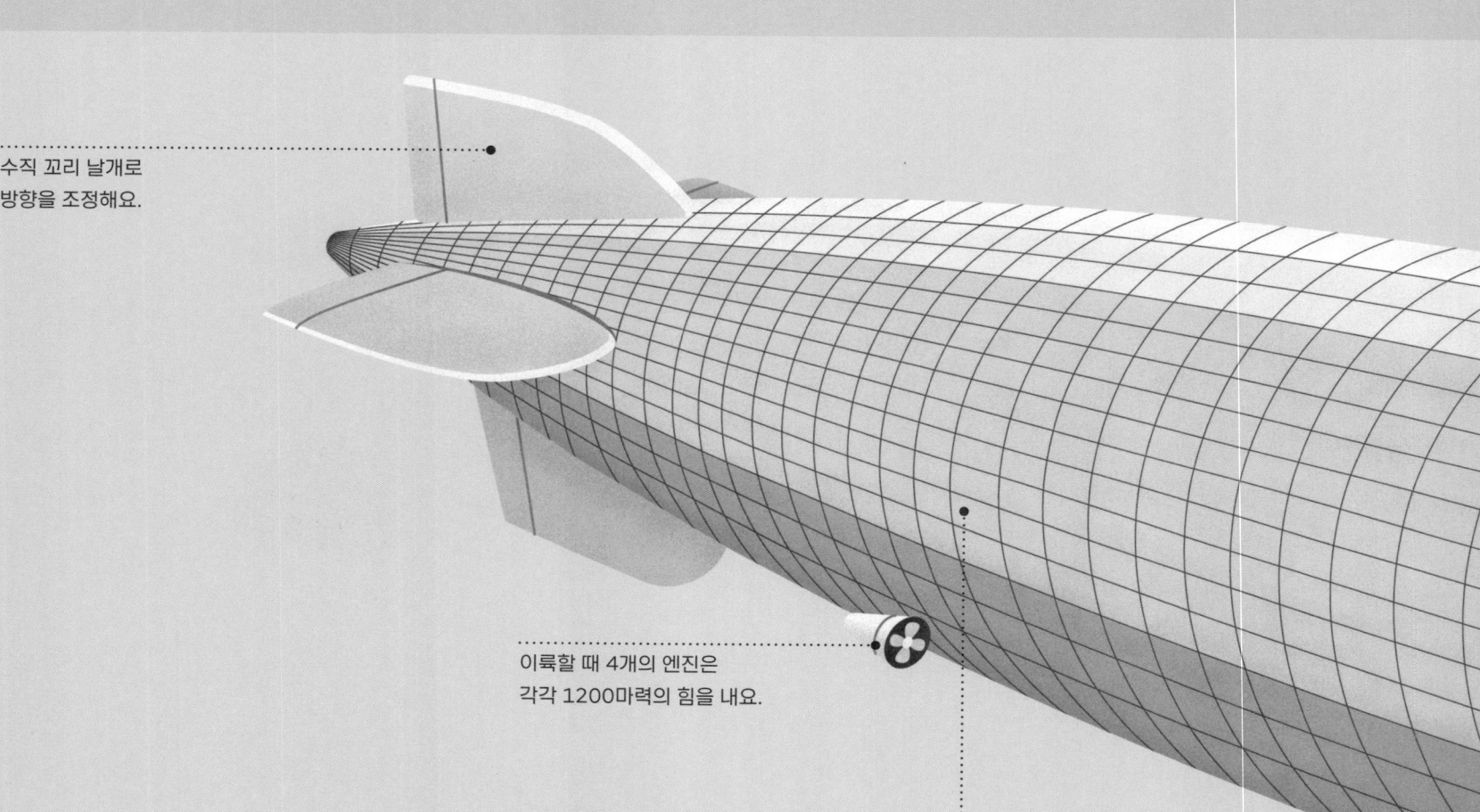

수직 꼬리 날개로
방향을 조정해요.

이륙할 때 4개의 엔진은
각각 1200마력의 힘을 내요.

겉을 싸고 있는 두꺼운 천은
넓이가 3만 4000제곱미터로,
거의 축구장 5개의 넓이와
맞먹어요. 안은 공기보다 가볍지만
불이 잘 붙는 수소 기체
19만 세제곱미터로 채웠어요.

창문이 아래쪽으로 경사지게
만들어져서 경치를 내려다볼
수 있어요.

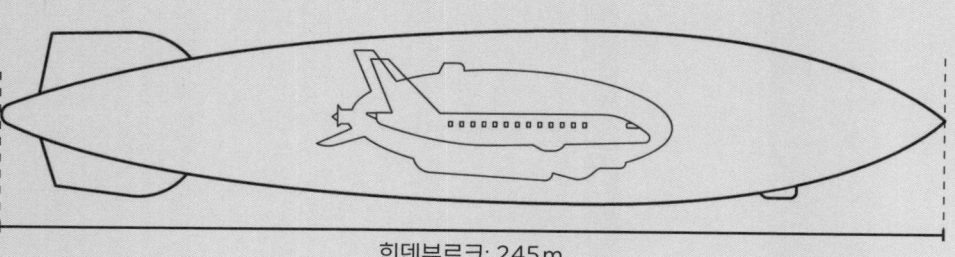

힌덴부르크: 245m

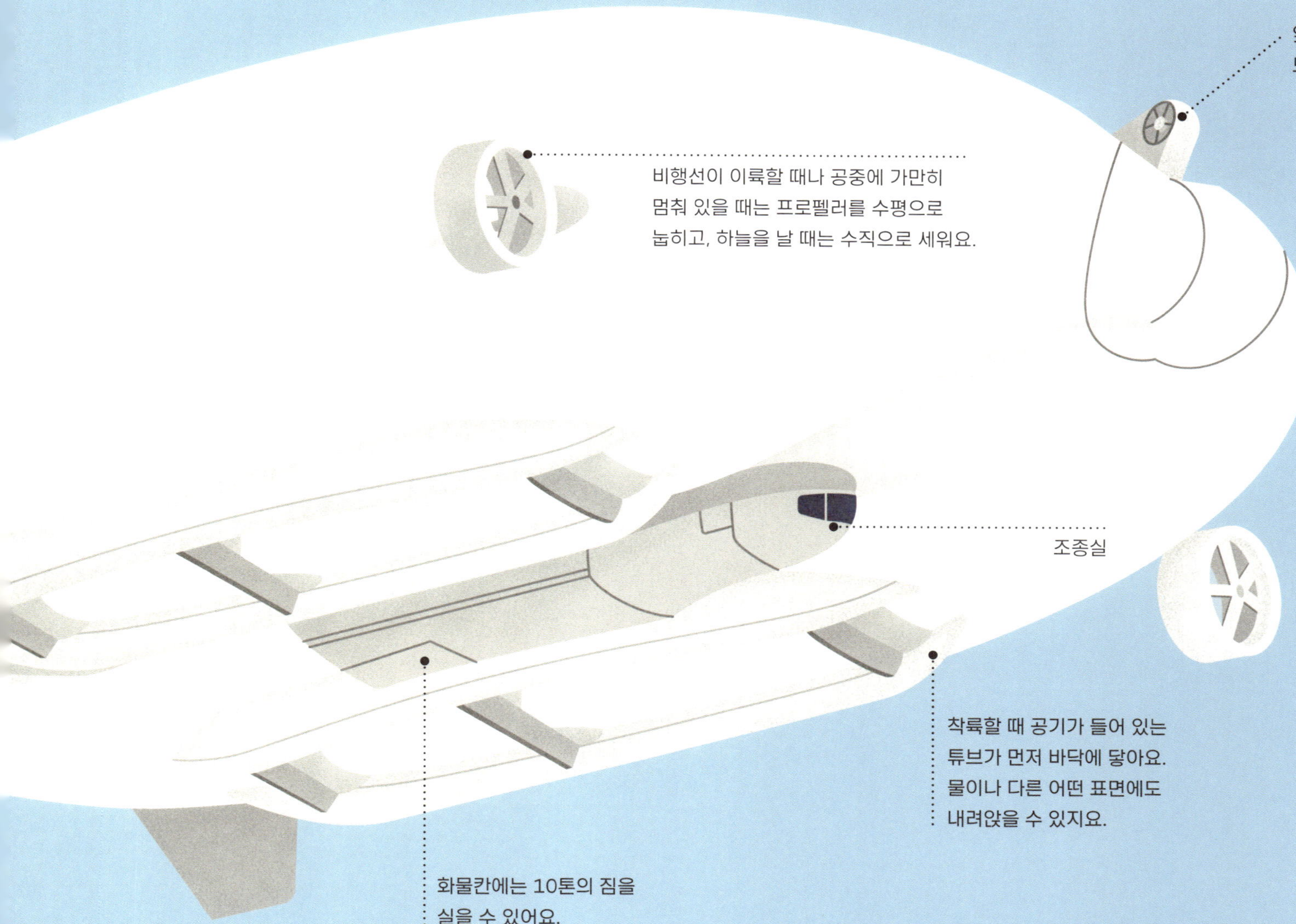

앞쪽의 프로펠러는 느리게 이동할 때 써요.

비행선이 이륙할 때나 공중에 가만히 멈춰 있을 때는 프로펠러를 수평으로 눕히고, 하늘을 날 때는 수직으로 세워요.

비행선은 1시간에 148km까지 날 수 있어요.

조종실

착륙할 때 공기가 들어 있는 튜브가 먼저 바닥에 닿아요. 물이나 다른 어떤 표면에도 내려앉을 수 있지요.

화물칸에는 10톤의 짐을 실을 수 있어요.

초호화 거대 비행선, LZ 129 힌덴부르크호

1936년에 운항을 시작했어요. 바다 위의 여객선만큼이나 큰데도 풍선처럼 가벼웠어요. 300m 높이에 떠서 1시간에 85km를 날아 대서양을 3일 만에 건넜지요. 하지만 1937년에 갑작스러운 폭발로 불타 버렸어요.

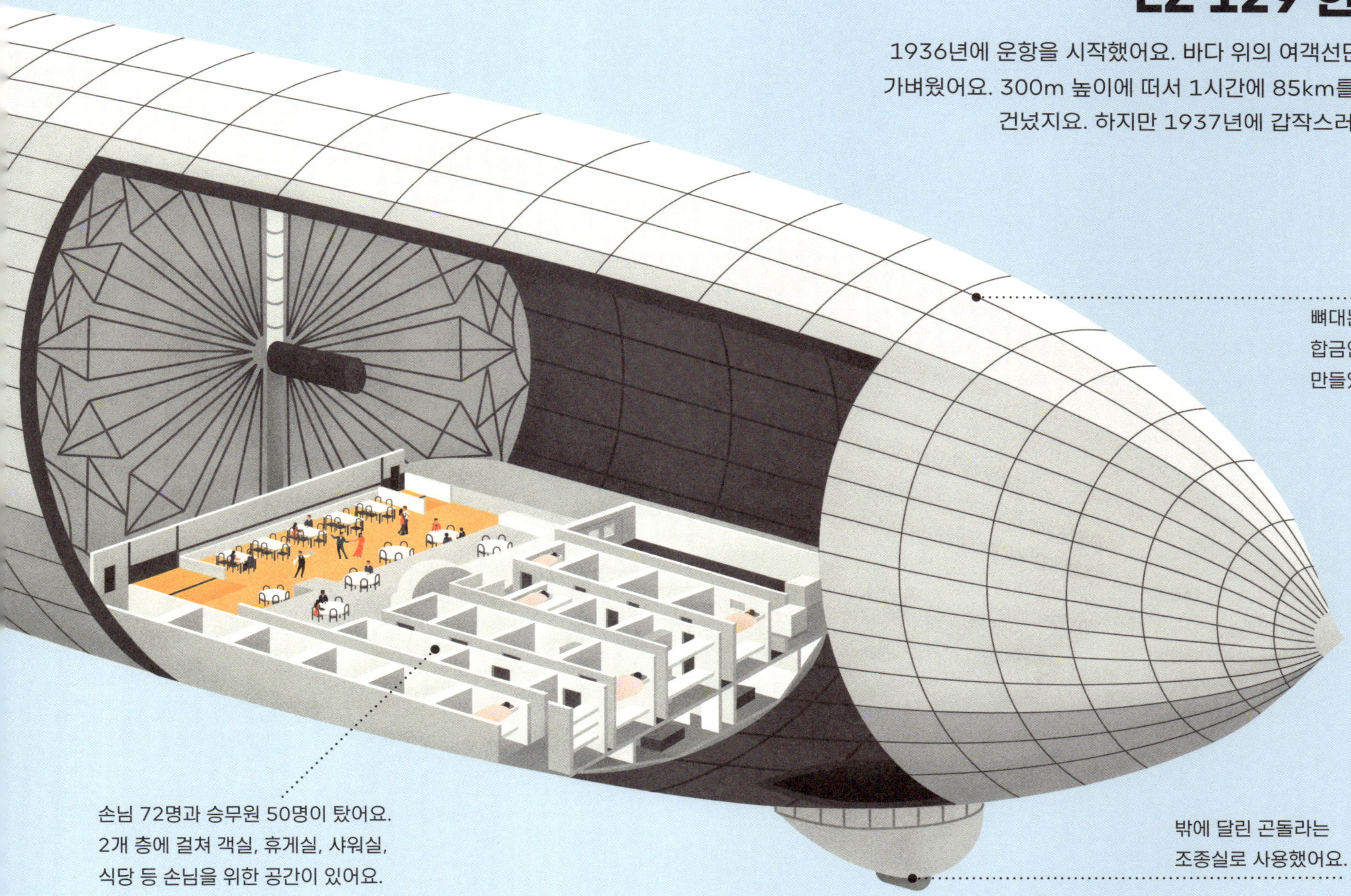

뼈대는 가볍고도 단단한 합금인 두랄루민으로 만들었어요.

손님 72명과 승무원 50명이 탔어요. 2개 층에 걸쳐 객실, 휴게실, 샤워실, 식당 등 손님을 위한 공간이 있어요.

밖에 달린 곤돌라는 조종실로 사용했어요.

우주의 거인

나사는 우주선 오리온호에 사람을 태워 화성으로 보내려는 계획을 세웠어요. 그래서 우주선을 운반할 강력한 발사 로켓을 만들고 있답니다.

가장 강력한 차세대 로켓, 우주 발사 시스템(SLS)

오리온호를 우주로 보내는 실험에 첫 번째로 사용되는 로켓(SLS 블록1)은 높이가 98m, 무게가 2600톤이에요. 지구 가까이는 70톤을, 달까지는 27톤을 실어 나를 수 있어요. 이륙할 때 내는 힘은 기관차 1만 3400대의 엔진이 내는 힘과 맞먹어요.

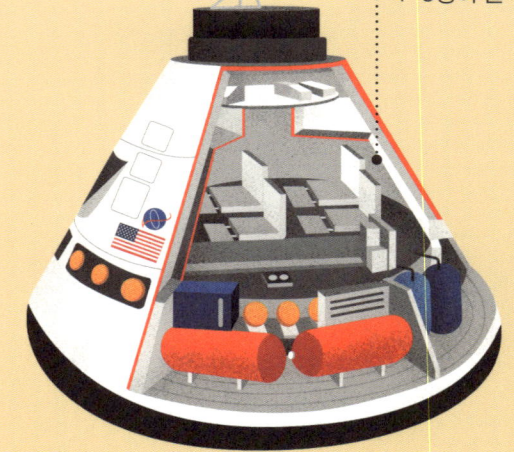

오리온호의 승무원 모듈에는 우주비행사 4~6명이 탈 수 있어요.

승무원 모듈에 결합된 서비스 모듈에는 엔진과 태양 전지판이 달려 있어요.

더 높이, 더 멀리!

지금도 여러 형태의 우주 발사 시스템(SLS)이 만들어지고 있어요. 가장 강력한 로켓은 'SLS 블록2(화물 수송형)'로 지구와 가까운 곳은 155톤을, 달까지는 46톤을 실어 나를 수 있지요.

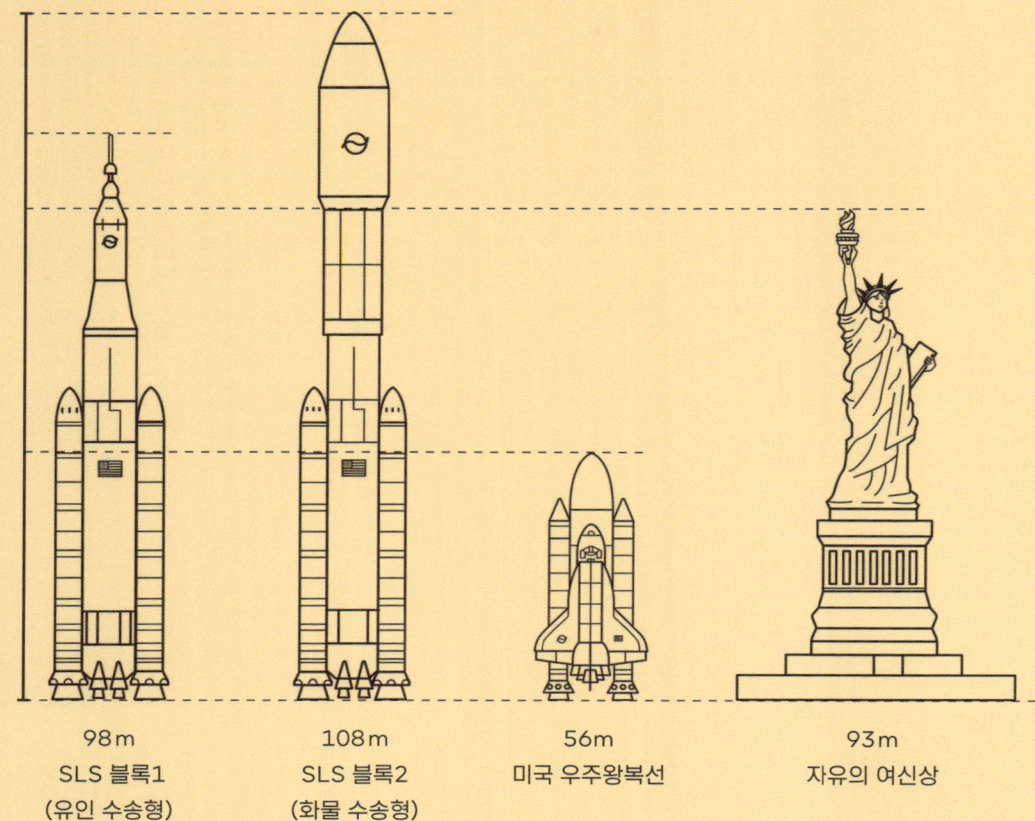

98m
SLS 블록1
(유인 수송형)

108m
SLS 블록2
(화물 수송형)

56m
미국 우주왕복선

93m
자유의 여신상

커다란 장난감

로켓과 발사대가 비바람을 얼마나 잘 견디는지 알아보기 위해 높이를 2m로 축소한 모형을 만들어 실험했어요.

크롤러 트랜스포터

바거293 다음으로 세계에서 가장 큰 차예요. 모서리마다 2개씩, 모두 8개의 무한궤도가 있어요. 무한궤도의 벨트 하나는 57개의 강철판으로 만들었어요. 강철판 하나는 무게가 1톤쯤 나가요.

- **차 무게**: 2994톤
- **운반 가능한 무게**: 8165톤
- **크기**: 길이 40m × 폭 35m
- **연료 소비**: 1km당 경유 500리터

크롤러 트랜스포터는 우주선과 로켓, 발사대 등을 옮기는 데 쓰여요.

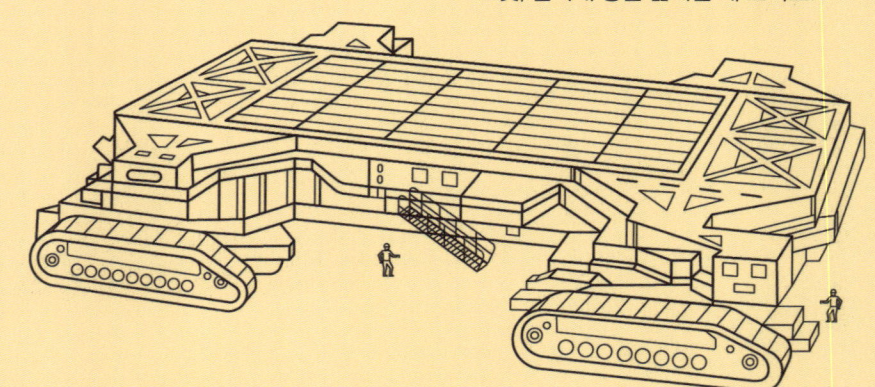

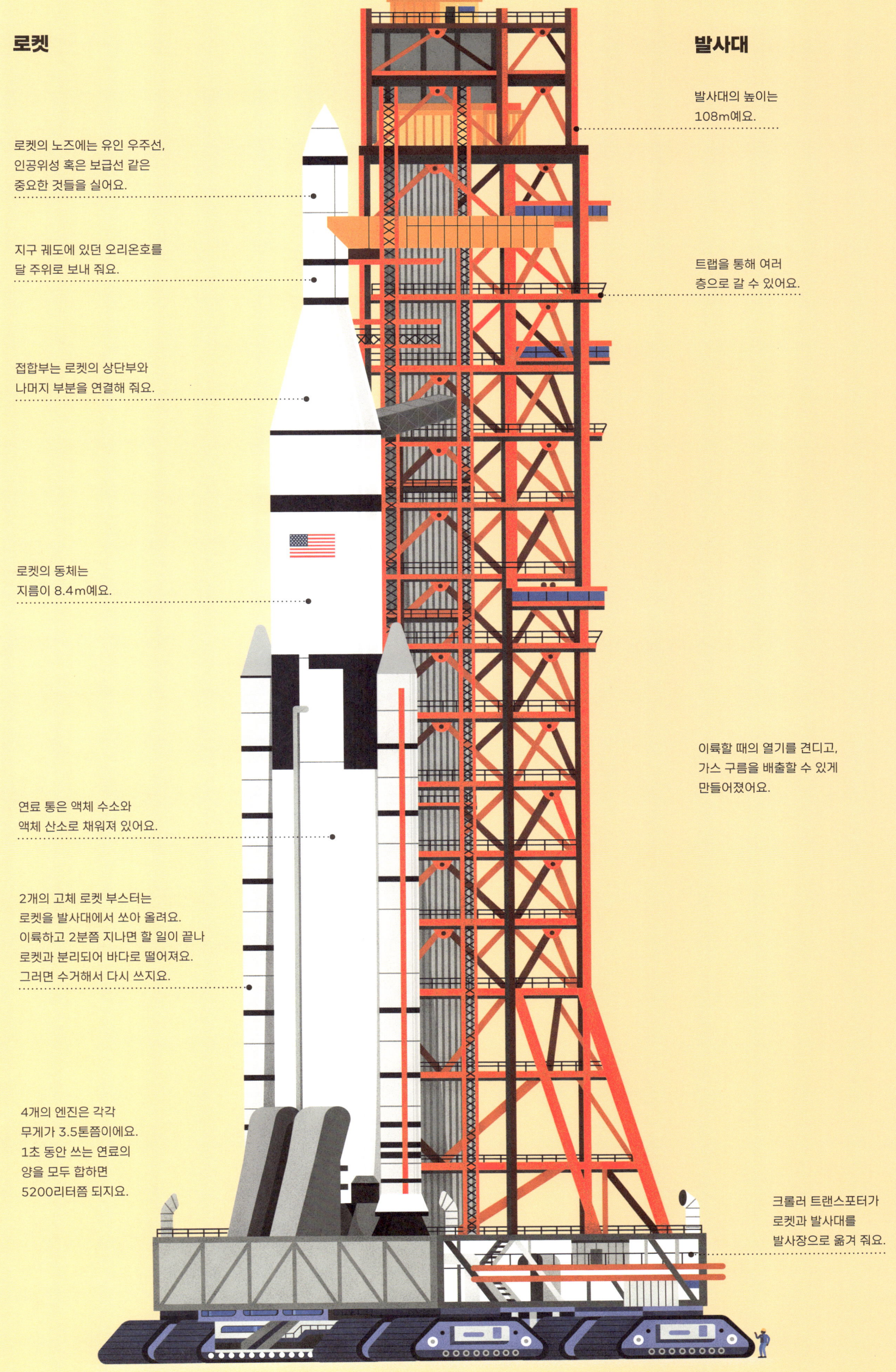

우주를 향해 전진

1998년부터 국제 우주 정거장을 다녀간 사람은 250명쯤 돼요.
평균적으로 6개월 동안 머물며 다양한 과학 연구를 했답니다.

우주 정거장은 지금까지 사람이 만든 가장 비싼 물건이에요.
만드는 데 약 178조 원이 쓰였고, 유지하는 데 해마다
약 4조 7000억 원이 들지요.

실내 기압을 일정하게
유지하고 있는 모듈은
13개이고, 크기는
916세제곱미터예요.
그중에서 사람이 생활하는
공간은 388세제곱미터로
방이 6개인 집 한 채만 해요.

유럽 실험 모듈
콜럼버스

7개의 관절이 있는
로봇 팔은 외부 작업에
쓰이는데, 116톤의
무게를 들 수 있어요.

미국 실험 모듈 데스티니

뼈대 역할을 하는 트러스는
길이가 108.5m예요.

소유스 우주선 2척이 러시아 모듈에
늘 도킹하고 있어요. 긴급 상황이
발생하면 승무원들은 4시간도
안 걸려서 지구로 돌아갈 수 있어요.

거주 모듈
즈베즈다

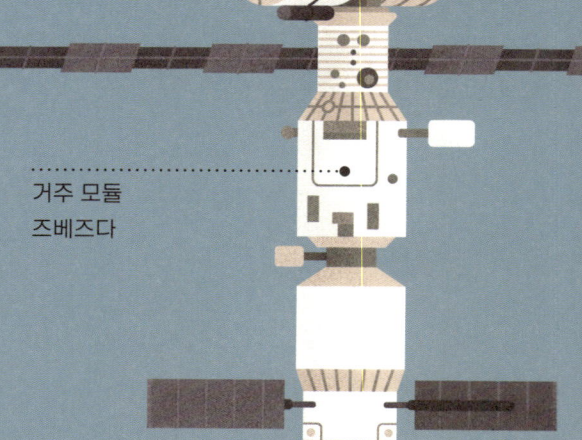

거대한 우주 연구소,
국제 우주 정거장

우주 정거장을 구성하는 70개의 주요 부품은
1998년부터 42번의 우주 비행으로 배달되었어요.
우주 정거장은 1시간에 2만 8000km씩 움직이며,
날마다 지구 둘레를 16바퀴나 돌아요.
지금은 7명이 머무르며 일하고 있어요.

아리안5 로켓으로 발사된 무인 화물
운반선(ATV)이 7.7톤쯤 되는 식량과
물건을 날라요.

한 미국 모듈에는 360도로 밖을
내다볼 수 있는 창문이 있어요.
가운데에 크고 둥근 유리창이 있고,
그 주위로 사다리꼴 창문 6개가
달린 돔 모양 유리창이지요.

우주 정거장은 90분마다 한 번씩 지구를 돌기 때문에
해가 뜨고 지는 걸 90분마다 한 번씩 봐요.

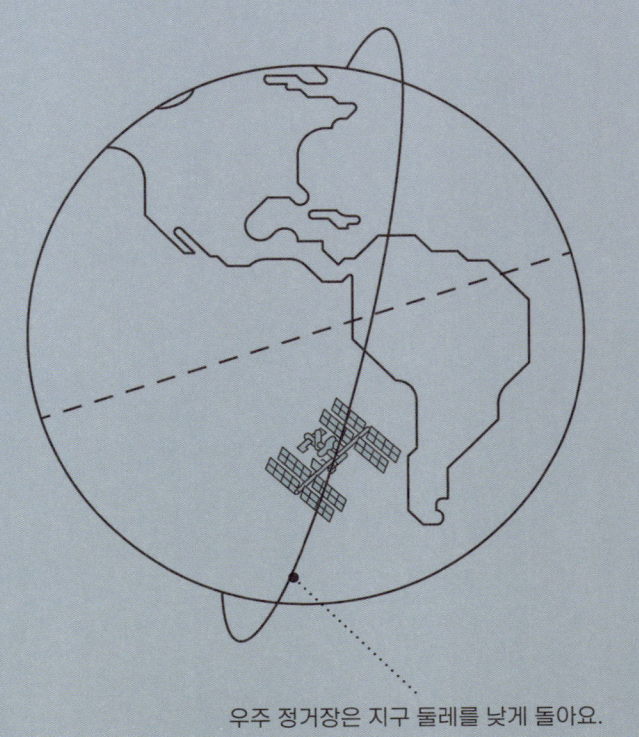

일본 실험 모듈 키보와
외부 실험 플랫폼

4쌍의 태양 전지판은 다 합한
넓이가 2500제곱미터로
75~90킬로와트의 전기를 만들어요.
55채의 가정집에서 쓰는 양이지요.

우주 정거장은 지구 둘레를 낮게 돌아요.
높이 330km에서 435km 사이를 오고 가지요.

1998년, 대단원의 시작

국제 우주 정거장은 마치 거대한 퍼즐을 맞추듯이 우주 왕복선이나
로켓이 가져오는 부품들을 하나하나 연결해서 만들었어요.
오랜 기간이 걸렸지요. 맨 처음에는 러시아 모듈, 그다음에는
미국 모듈, 이렇게 2개의 모듈로 모든 일이 시작되었고,
지금도 두 모듈이 정거장의 한가운데에 있어요.

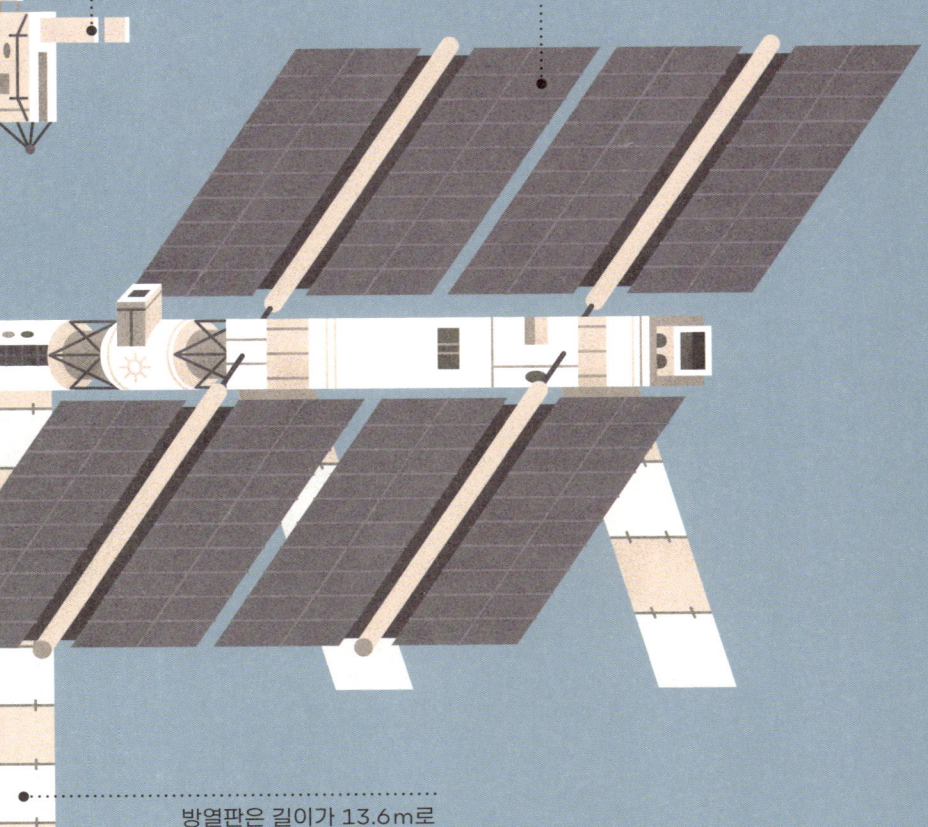

방열판은 길이가 13.6m로
장비들이 내뿜는 열기를
우주로 내보내요.

가장 먼저 들어선 러시아 모듈
자랴(19.3톤)가 추진 시스템,
통신 시스템, 그리고 전력을
공급했어요.

우주 정거장은 길이가 109m,
폭은 73m로 축구 경기장보다 커요.
무게는 420톤이나 되지요.

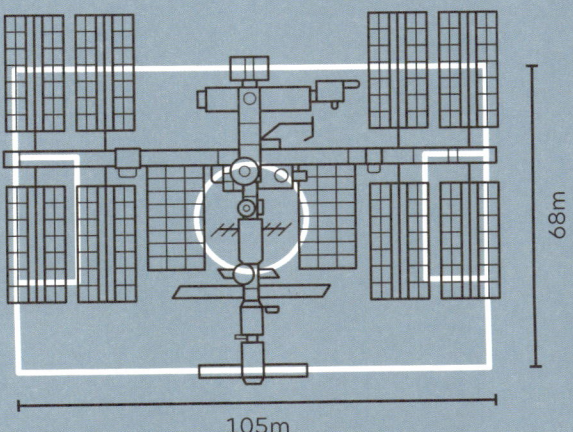

2주 후에 미국 모듈 유니티
(11.6톤)가 도킹했어요.
생명 유지 장치, 5만 개
이상의 기계 장치, 액체와
가스를 옮기는 관 등이
설치되어 있었지요.

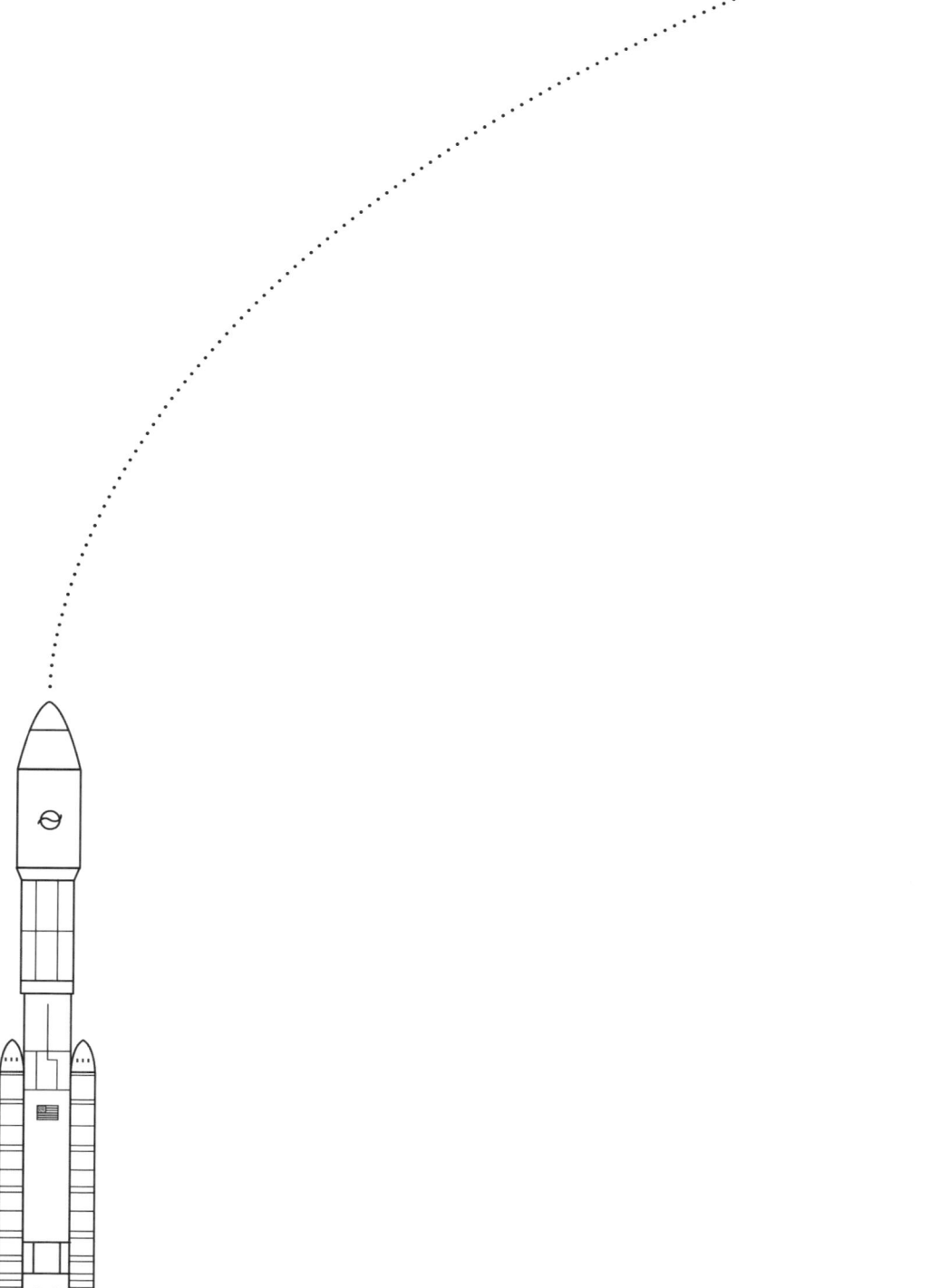

거대한 장난감 트랙터를 좋아하는
노암에게 이 책을 바칩니다.
스테판 프라티니

www.borimpress.com | 인스타그램 @borimbook

초판 1쇄 발행 2022년 6월 15일
글쓴이 스테판 프라티니 · 그린이 스튜디오 무티 · 옮긴이 박대진 · 편집 조승현 · 디자인 이지영 · 펴낸이 권종택
펴낸곳 (주)보림출판사 · 출판등록 제406-2003-049호 · 주소 10881 경기도 파주시 광인사길 88
전화 031-955-3456 · 팩스 031-955-3500 · ISBN 978-89-433-1453-8 74860 / 978-89-433-1174-2(세트)

Géants - les véhicules et engins les plus fous © Editions Milan, France, 2018
All rights reserved.
Korean translation copyright © Borim Press, 2022
Korean edition is published by Borim Press with arrangement through Pauline Kim Agency, Seoul, Korea.

이 책의 한국어판 저작권은 저작권사와 독점 계약을 맺은 ㈜보림출판사에 있습니다.
이 책은 저작권법에 따라 보호받고 있으므로 이 책 내용의 일부나 전부를 옮겨 싣거나
다시 쓰려면 반드시 저작권자와 출판사 양쪽의 허락을 받아야 합니다.
⚠주의: 책 모서리가 날카로우니 던지거나 떨어뜨리지 않도록 조심하세요(사용 연령 3세 이상).

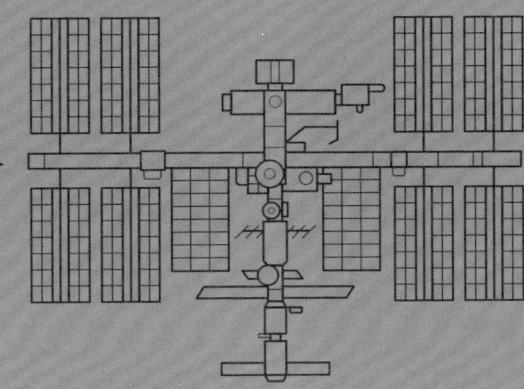

글쓴이 스테판 프라티니
프랑스 칸에서 태어나 아프리카에서 어린 시절을 보냈습니다.
대학을 졸업한 뒤 텔레비전 퀴즈 쇼 구성 작가, 광고 디자이너,
은행원에 이르기까지 100가지가 넘는 직업을 두루 경험했습니다.
그 뒤 라디오 드라마 대본과 잡지 기사를 쓰고 그래픽 디자인을
하다가 어린이책을 쓰기 시작했습니다. 지금까지 《곰이 되고 싶어요》
《지구 환경 챔피언》《지구촌의 불평등》《물건은 어떻게 작동할까?》
등 50권이 넘는 책을 썼습니다.

그린이 스튜디오 무티
열정적인 일러스트레이터와 디자이너로 구성된 예술 창작 스튜디오로
남아프리카 케이프타운에서 활동하고 있습니다. 레터링부터 아이콘,
디지털 페인팅, 애니메이션에 이르기까지 독창적이고 영감을 주는
예술 작품을 만들고 있습니다.

옮긴이 박대진
한국외국어대학교 불어과를 졸업하고 프랑스 소르본느 대학에서
석사와 박사 학위를 받았습니다. 지금은 대학에서 학생들을 가르치며
글을 씁니다. 지은 책으로 《나는 아직 엄마가 되려면 멀었다》 등이
있고, 옮긴 책으로 '무브무브 플랩북' 시리즈와 《이제 잘 시간이야!》,
《깜깜한 게 무섭다고, 내가?》 등이 있습니다.